AF317328

L'Eglise et le Théâtre

ALBERT REYVAL

de la Comédie Française

L'Église et le Théâtre

ESSAI HISTORIQUE

PARIS
LIBRAIRIE BLOUD & GAY
3, rue Garancière
1924

PRELIMINAIRE

Origine cultuelle du théâtre.

En France, comme dans l'antique Grèce, le théâtre n'eut pas d'autre origine que les cérémonies du culte. Je n'ai pas la ridicule prétention d'écrire là une nouveauté, mais il m'a semblé qu'un court rappel de ces origines était tout indiqué au commencement de cette étude.

Au moyen âge, la religion était toute puissante sur les âmes ; le peuple dominé par une foi naïve, mais sincère, ne trouvait nulle part d'émotion plus douce qu'au pied des autels, de spectacle plus attrayant que celui des cérémonies saintes. Aussi l'Eglise qui avait lancé ses anathèmes contre le théâtre païen, prit-elle à tâche de multiplier ses pieuses solennités et d'étaler sous les yeux du peuple toutes les pompes de sa liturgie.

Quels magnifiques théâtres d'ailleurs que ces vieilles cathédrales gothiques où, au jour mystérieux des vitraux coloriés, se déroulaient dans les vastes nefs les longues files des processions, véritable chœur de la tragédie chrétienne.

« Tout le long de l'année, écrit M. Emile Deschanel, dans sa *Vie des Comédiens*[1] le culte était une série de spectacles. Ce que les fidèles ne pouvaient pas lire, on le leur expliquait ainsi en le jouant. Cela s'appelait, en effet, jouer les mystères et continua quelque temps d'être en latin sauf les cris, onomatopées ou chansons que le peuple y mêlait parfois en langue vulgaire ».

Tel est le premier élément du théâtre, non

1. *La Vie des Comédiens*, par Emile Deschanel, Leipzig, Collection Hetzel.

seulement en France mais partout, en Europe, au moyen âge, l'élément religieux chrétien.

Le cycle liturgique ramenait donc chaque année de saison en saison les pieuses représentations des saints mystères. A Noël, c'était la crèche autour de laquelle se pressaient les bergers pour adorer le divin Enfant. A l'Epiphanie on voyait apparaître l'étoile merveilleuse qui guidait les Mages de l'Orient. Pendant la Semaine Sainte, on assistait au drame émouvant de la Passion chantée sur trois tons différents pour mieux marquer les rôles des divers personnages. A Pâques, trois chanoines, la tête voilée de l'aumusse, se rendaient au sépulcre et apprenaient de la bouche d'un ange la résurrection du Sauveur.

Ainsi donc, lorsque le germe de l'art dramatique commence à poindre dans la littérature du moyen âge, c'est l'histoire de la rédemption chrétienne, qui, seule, peut émouvoir nos pères.

Le peuple qui a fait les croisades, ne conçoit pas d'autres drames que le drame suprême du Calvaire ou les glorieux martyres de ses saints.

Dans un temps où la foi était la grande passion des âmes, le théâtre ne pouvait naître que sous l'inspiration de l'Eglise[1].

Pendant que ces pieux spectacles donnaient naissance au drame sacré, d'autres moins graves, plus joyeux, ouvraient la voie à la comédie. Telles étaient les fêtes des Diacres, le jour de Saint Etienne, celle des Fous le jour des Saints Innocents et celle de l'Ane. La fête des Fous était une parodie de l'office Divin : toute la hiérarchie était renversée, les enfants de chœur faisaient les fonctions de l'évêque, des chanoines et des prêtres. A la fête de l'Ane on introduisait

1. Voir sur cette question : Ch. Magnin, *Histoire des origines du Théâtre moderne*, Paris, *Etudes*, 1838.

L. de Mommerqué et Francisque Michel, *Théâtre Français au Moyen-Age*, Paris, Firmin Didot, 1842.

Marius Sepet, *Les Prophéties du Christ et le Drame chrétien au Moyen-Age*, Paris, E. Thorin, 1868.

Rigal, *Le Théâtre Français avant la période classique*, Paris, Hachette, 1901.

dans l'église cet animal magnifiquement
paré, on chantait en son honneur une hymne
latine et le peuple reprenait en langue vulgaire, après chaque strophe :

> Eh ! sir âne, mais chantez !
> Belle bûche rechigniez
> Vous aurez du foin assez
> Et de l'avoiné à a planté (en quantité).

Mais ces jeux scéniques, saints par l'origine, moraux par le but, dégénérèrent assez
promptement : la religion ne pouvant se
rendre solidaire de toutes les nouveautés du
siècle le drame dut sortir de l'Eglise. Il
s'installa sur le parvis même des cathédrales
et continua d'être un complément des cérémonies. Le lien qui avait rattaché au culte
la représentation des Mystères ne fut pas
rompu ; il existe à la Bibliothèque Nationale un manuscrit des premières années
du xve siècle contenant une cinquantaine de
drames en l'honneur de la Vierge, ils sont
presque tous précédés de sermons qui leur

servent de prologue. Très souvent aussi, les Mystères se terminaient par un Te Deum, chanté en chœur par les assistants. Jusqu'à la fin du XIVᵉ siècle, toutes les classes, prêtres, clercs, étudiants, ouvriers, avaient concouru aux représentations. En 1402 une troupe d'acteurs se constitua à Paris et fut régulièrement établie sous le nom des « Confrères de la Passion » par lettres patentes du roi Charles VI, conférant à ses membres le privilège exclusif de jouer les Mystères. Ils s'installèrent dans l'hôpital de la Trinité, et clercs et laïques ne tardèrent pas à accourir à leurs représentations : on avançait même l'heure des vêpres pour permettre aux fidèles d'y assister.

« Les Confrères de la Passion » après avoir loué l'hôpital de la Trinité, puis l'Hôtel de France et enfin l'Hôtel de Bourgogne cédèrent leur théâtre en sous-location et la jouissance de leur privilège dont ils restaient titulaires à la troupe qui devait devenir plus tard celle de la Comédie Française. Le but des « Confrères de la Passion » était d'élever la scène à la hauteur d'une école d'enseignement moral et patriotique. Tel fut d'ailleurs le but de tout le théâtre religieux français du moyen âge. Certes les auteurs des soties, farces, etc... ont souvent sacrifié au mauvais goût, mais il serait injuste de ne voir dans leurs œuvres qu'immoralités et grossièretés, comme l'écrit M. Cohen dans son histoire de la mise en scène dans le théâtre religieux du moyen âge. Le fond de leur œuvre, affirme Mgr Jouin, est essentiellement moral et théologique.

L'Église et le Théâtre

CHAPITRE I

Le théâtre anticlérical est aussi vieux que
le théâtre. Nous en trouvons l'origine dans
les mystères eux-mêmes qui souvent n'étaient
pas dénués de critiques contre la hiérarchie
catholique. Faut-il rappeler que sous Philippe le Bel, les mystères de « La Résurrection des Morts » et du « Jugement dernier »
furent agrémentés de *la Procession du Re-
nard*, violente satire dirigée contre le pape
Boniface VIII ? Des parodies complètes de la
messe étaient jouées sur les degrés de l'autel
par de gais compagnons à moitié ivres, qui

transformaient en chants burlesques les psalmodies liturgiques. Après avoir rempli les voûtes sacrées de ses cris et de ses obscénités, la bande joyeuse se répandait par la ville, et des tréteaux préparés d'avance, lui permettaient de redire en plein vent les scènes qu'elle venait de représenter dans l'Eglise ou d'en inventer de nouvelles. Ne fallut-il pas que le roi Charles VII défendît aux basochiens « de rien mettre dans leurs farces qui puisse offenser la réputation des citoyens ou blesser la pureté des mœurs » ?

Le mardi gras de l'année 1511, Pierre Gringoire faisait jouer solennellement *le Jeu du prince des sots* et *l'Homme obstiné*. Le roi Louis XII consacra par sa présence et ses applaudissements ces attaques violentes contre Rome où la cause de la papauté est plaidée et condamnée. L'accusation ne ménage rien. Dans la sotie, le roi et le pape sont en scène, l'un sous le nom de prince des sots, l'autre sous celui de mère sotte.

Le pape revêtu de ses habits pontificaux, la tiare en tête, exprime avec une franchise cynique ses désirs et ses plans. Il pousse à la trahison les seigneurs qui entourent le roi ; il enjoint aux prélats d'abandonner l'église et l'autel pour s'élancer à l'assaut et courir sus aux princes. Dans la moralité, Gringoire attaque plus directement encore Jules II, l'homme obstiné ; il le peint sous les couleurs les plus noires ; il le fait fanfaron, hypocrite, vicieux ; accusations, railleries, récriminations, rien ne lui est épargné.

En 1541, on se prépare à jouer *le Mystère de l'Ancien Testament*. Le procureur général intervient et dans un long réquisitoire représente au parlement tous les inconvénients de ces jeux. Les bénéfices réalisés par les Confrères de la Passion, avaient donné l'idée à des gens non lettrés ou de basse condition, de jouer les Actes des Apôtres. Pour prolonger le spectacle et gagner plus d'argent, ces entrepreneurs et acteurs avaient ajouté des choses étranges au mystère et, de plus, entremis au commencement des jeux, des farces lascives. Le procureur général se plaint du désordre moral qu'enfantent ces spectacles ; il montre les aumônes et les charités plus rares, les scandales continuels. Le peuple, en sortant, répétait toutes les plaisanteries licencieuses ou contraires à la religion qu'il avait entendues. Les accidents, arrivés dans la marche d'une primitive machinerie, lui fournissaient matière à gouailler ; un jour le Saint-Esprit n'avait pas voulu descendre ; une autre fois Jésus-Christ n'avait pu sortir de son tombeau.

Le procureur général conclut en suppliant le parlement de ne pas autoriser ces nouveaux compagnons à jouer *le Mystère du Vieil Testament*, « d'autant plus, dit-il, qu'ils veulent faire un ordinaire des dits jeux, pour exiger argent du peuple : davantage il y a plusieurs choses au Vieil Testament qu'il n'est expédient déclarer au peuple, comme gens ignorants et imbéciles, qui pourraient prendre occasion du judaïsme à faute d'intelligence »[1].

Le théâtre chrétien du moyen âge prit donc fin avec l'arrêt du parlement qui interdit les mystères en 1548. Cette date est le second moment à noter dans la formation du théâtre moderne. Par là, l'élément laïque achève de se dégager et l'emporte décidément sur l'élément religieux.

Le clergé cependant évite la lutte aussi longtemps que possible, aimant mieux d'abord avoir le théâtre pour allié, même

---

1. Cité par M. Hallays-Dabot dans son *Histoire de la Censure Théâtrale en France,* Dentu, édit.

hors de l'Eglise, que pour ennemi : on essaye de tout concilier. La guerre qui gronde sourdement pendant tout le xv⁰ siècle, éclate au commencement du xvi⁰ siècle. Elle est en quelque sorte symbolisée dans un très curieux épisode dont le récit nous a été transmis par Bonaventure des Perriers, le spirituel secrétaire de Marguerite de Navarre. C'est l'histoire du curé de Saint Eustache et du célèbre entrepreneur de mystères, Jean du Pontalais. Le curé de Saint Eustache était en chaire, faisant de son mieux pour édifier ses auditeurs, lorsque Jean du Pontalais vint par hasard à passer devant son église. Le bruit du tambourin, avec lequel du Pontalais appelait le peuple, forçait le prédicateur à hausser la voix et troublait le fil de ses idées. Plus le tambourin retentissait, plus le curé luttait de poumons. Et cette lutte commençait à égayer l'auditoire. Enfin, harassé, le prédicateur ordonne qu'on aille imposer silence à ce baladin. Quelques fidèles défilent... et ne reviennent pas. Ils sont allés grossir l'auditoire du tapageur au lieu de faire cesser le tapage. Le bruit du tambourin redouble. Enfin le curé perdant patience, descend de la chaire, sort de l'église et va droit à Pontalais. Laissons des Perriers lui-même achever le récit avec beaucoup de grâce et de malice. « Hé! s'écrie le curé, qui vous a fait si hardi de jouer du tambourin tandis que je prêche? Pontalais le regarde et lui dit: Hé! qui vous a fait si hardi de prêcher tandis que je joue du tambourin? Alors, le prêcheur plus fâché que devant, prit le couteau de son famulus (bedeau) qui était auprès de lui et fit une grande balafre à ce tambourin avec le couteau. Et s'en retournait à l'église pour achever son sermon. Pontalais prend son tambourin et court après le prêcheur et s'en va le coiffer comme d'un chapeau d'Albanais, le lui affublant du côté qu'il était rompu. Et alors, le prêcheur, tout en l'état qu'il était, voulait remonter en chaire, pour remontrer l'injure qui lui avait été faite et comment la parole de Dieu était vilipendée. Mais le monde riait si fort, lui voyant ce tambourin sur la tête, qu'il ne sut ce jour-là avoir audience et fut contraint de se retirer et de s'en taire, car il lui fut remontré que ce n'était pas le fait d'un sage homme de se prendre à un fol. »

La plaisante lutte entre ce curé de Saint

Eustache et cet acteur populaire est la personnification de celle qui eut lieu entre le clergé et les entrepreneurs de mystères, et d'une manière plus générale entre l'Eglise et le Théâtre pendant trois siècles et plus.

Le théâtre du xvie siècle avec les médiocres pièces de Jodelle, de Robert Garnier, de Montchrétien et de Larrivey ne nous offre rien de particulier.

Arrivons donc tout de suite au *Tartuffe* de Molière.

TARTUFFE

Ce chef-d'œuvre est-il délibérément anticlérical ? Personnellement je ne le crois pas, mais ce qui est certain c'est qu'il a été toujours exploité comme tel par les adversaires de l'Eglise. Molière le pressentait si bien qu'il écrivait dans la préface : « Si l'on prend la peine d'examiner de bonne foi ma comédie, on verra que mes intentions y sont innocentes et qu'elle ne tend nullement à jouer les choses que l'on doit révérer... que j'ai mis tout l'art et tous les soins qu'il m'a été possible, pour bien distinguer le personnage de l'hypocrite de celui du vrai dévot. »

Molière mit, en effet, dans la bouche de

Cléante, l'éloge du vrai dévot, quoique,
comme le remarque Sainte-Beuve « le vrai
dévot n'apparaisse guère là que pour la forme,
pour l'honneur, tandis que le faux dévot est
tout à fait dégagé et mis en saillie. » Quoi
qu'il en soit, le sujet était délicat, épineux ;
on sait que Molière après avoir lu *Tartuffe*
au légat du pape Mgr Chigi, qui, selon lui,
l'approuva, adressa à Louis XIV un premier
placet, suivi de deux autres et que les représentations n'en furent autorisées qu'en 1669.

Dans son livre sur *l'Anticléricalisme* [1]
M. Emile Faguet apprécie ainsi l'anticléricalisme de Molière. «Et enfin pour ce qui est
de Molière, je ne saurais dire à quel point
je le considère comme un des pères de l'anticléricalisme français. *Qu'il l'ait été cons-
ciemment et volontairement, il n'est rien
moins que certain*, et la question sera, je
crois, toujours débattue (page 60)... Mais
qu'il l'ait été *en fait* et le plus illustre et
peut-être le plus puissant, je crois que c'est
une toute autre affaire et je crois que c'est
incontestable. » (p. 63) Et abordant directement la question de Tartuffe, M. Emile

---

1. *L'Anticléricalisme,* par M. Emile Faguet. Paris, Société
Française d'Imprimerie et de Librairie, 15 rue de Cluny.

Faguet écrit. « Pour ce qui est de Tartuffe la tendance anticléricale est encore plus forte et sans mélange. Ceux-là ont très bien jugé de Tartuffe qui en ont dit : Ce n'est pas une pièce contre Tartuffe, c'est une pièce contre Orgon, puisque Tartuffe n'y est qu'odieux et qu'Orgon y est ridicule.

C'est une pièce destinée à tourner en ridicule le dévot, l'homme entêté de religion et à qui la religion fait faire sottise, ôte toute sensibilité et toute humanité, qu'en un mot la religion rend bête et méchant (p. 72). » Et plus loin. « Par tous ses aspects, par toutes ses tendances, par tout ce qu'il donne à entendre, sans qu'on sollicite les textes, le Tartuffe est la pièce antireligieuse par excellence.

Selon M. Emile Faguet, la vogue prodigieuse de Molière doit être comptée dès le xviiᵉ siècle comme influence anticléricale. Tel est l'avis de M. Silvain, le doyen de la Comédie Française et l'un des plus remarquables interprètes de Tartuffe. Dans une étude sur la pièce, étude parue en tête du Théâtre Classique Populaire, édition de la Comédie Française [1] M. Silvain écrit. « Mo-

---

1. *Tartuffe*. Edition de la Comédie Française. Préface de M. Jules Claretie. Introduction de M. Silvain. Paris.

lière se rabattit donc sur les faux dévots,
espérant qu'à la faveur de cette substitution,
il pourrait dire son fait aux vrais dévots...
Ce qu'il peignit, en fin de compte, ce qu'il
modela dans son Tartuffe, ce fut la silhouette
de l'homme d'église, du dévot, et, malgré
tant de précautions, tous les dévots se recon-
nurent dans cette silhouette. »

M. Francis Baumal a écrit un livre très
documenté sur *Molière et les Dévots*, il
prouve que Molière dans son Tartuffe avait
voulu atteindre les membres de la Compagnie du Saint-Sacrement [1].

Chose curieuse, un jésuite, le P. Rapin a
écrit dans ses Mémoires. « Ceux qui en furent (de la Compagnie du Saint-Sacrement)
devinrent odieux à la Cour pour l'affectation
qu'ils eurent de donner ou de faire donner
des avis au cardinal sur sa conduite par des
voies choquantes et nullement honnêtes : ce
qui irrita le cardinal et l'obligea à rendre ces
gens suspects au roi, lequel pour les décrier
les fit jouer quelques années après sur le
théâtre par Molière. » Je crois invraisem-
blable que le sujet de Tartuffe ait été sug-

---

1. *Molière et les Dévots*, par M. Francis Baumal. Edition du
Livre Mensuel, 59, Boulevard des Batignolles, Paris, 1919.

géré à Molière par Louis XIV, il n'en reste pas moins que, pour le P. Rapin comme pour M. Francis Baumal, c'est bien la Compagnie du Saint-Sacrement, c'est-à-dire la Cabale des Dévots qui a été visée dans la pièce.

Au reste, c'est bien ainsi que le comprirent les contemporains de Molière et particulièrement les représentants les plus autorisés de l'Eglise, Bossuet, Bourdaloue et plus tard Massillon qui, comme nous le verrons dans le chapitre de l'Eglise contre le Théâtre, protestèrent dans leurs sermons contre Tartuffe. Depuis lors, amis et ennemis de la religion se rencontrèrent dans cette même interprétation d'anticléricalisme, les uns parce qu'ils en voulaient à Molière du tort réel fait par sa pièce à la piété sincère ; les autres parce qu'ils étaient très heureux d'embrigader avec eux un allié de génie.

L'illustre critique Geoffroy a écrit. « Il y a une si grande affinité avec la religion et l'abus qu'on en peut faire, que cette pièce a dû réjouir les impies plus qu'elle n'affligeait les hypocrites »,

Napoléon Iᵉʳ à Sainte-Hélène pensait de

même. « C'est un des chefs-d'œuvre d'un homme inimitable ; toutefois, cette pièce porte un tel caractère que je ne suis nullement étonné que son apparition ait été l'objet de fortes négociations à Versailles et de beaucoup d'hésitation dans Louis XIV. J'ai droit de m'étonner qu'il l'ait laissé jouer ; elle présente, à mon avis, la dévotion sous des couleurs si odieuses que pour mon propre compte je n'hésite pas à dire que si la pièce eût été faite de mon temps, je n'en aurais pas permis la représentation ».

On n'a pas oublié la violente controverse qui s'est élevée entre Louis Veuillot et La Pommeraye.

Il est à croire que le débat se poursuivra tant que durera la question religieuse, Molière et la littérature.

Seul, ou à peu près, M. René Doumic s'est montré un adversaire de l'interprétation anticléricale de *Tartuffe* et il a développé magistralement sa thèse dans une conférence faite à l'Odéon le 29 mars 1890.

M. Doumic prend l'œuvre de Molière et au lieu d'y rechercher non pas ce qu'il aurait bien pu vouloir y mettre, il juge seulement ce qu'en effet il y a mis. Il s'attache donc

au texte de Molière, c'est-à-dire à la pièce, à
la préface et aux trois placets adressés au
Roi. Il y trouve d'abord des déclarations
d'une absolue netteté. Molière, en effet, dans
les deux premiers placets insiste sur ce point
qu'il veut mettre en vue « les grimaces étu-
diées des gens de bien à outrance », il fait
remarquer qu'il a pris « toutes les circonspections que pourrait demander la délicatesse de la matière, pour conserver *l'estime*
et le *respect* qu'on doit au *vrai dévot* ».

Mais écoutons M. Doumic. « Mais songez
à qui ces placets étaient adressés. Ils étaient
adressés au Roi, et le Roi, en effet, finit par
accorder l'autorisation qu'on sollicitait de
lui. Demandez-vous donc quel rôle on fait
jouer dans cette affaire, à qui ? à Louis XIV.
Molière a-t-il abusé le Roi sur ses véritables
intentions ? s'est-il joué de lui comme aussi
bien du public et de la postérité ? Molière a-
t-il pris Louis XIV pour sa dupe ? Je vous
laisse à penser si cela est vraisemblable et
si cela est possible. — Ou bien Louis XIV
a-t-il compris les intentions vraies du poète ?
a-t-il vu qu'il s'agissait d'une guerre à la
religion et a-t-il laissé faire ? Or, cela est
inadmissible. Certes, Louis XIV, jeune et

amoureux supportait avec ennui les remontrances des dévots et il faisait tout ce qu'il
fallait pour mériter ces remontrances ; mais
en même temps il se faisait un devoir de
donner à toute la Cour l'exemple du respect
pour la religion et de la soumission à ses
pratiques les plus rigoureuses. Il ne faut
pas s'étonner de cette contradiction entre
une conduite fort libre et des croyances qui
restaient solides ; car si cela n'est pas très
chrétien, cela est humain.

Certes encore Louis XIV, dans les premières années, n'avait pas cette dévotion
qui sera celle des dernières années de son
règne.

Mais toute sa vie, il n'y a pas un jour,
pas une heure, où il ait laissé prise au soup-
çon d'hostilité contre la religion elle-même ;
il n'y a donc pas un jour où il ait pu tolérer
une œuvre qui tendait à ruiner les principes
mêmes de la religion. — Pourtant je ne vois
pas qu'il y ait place pour une troisième explication. Il faudrait donc que Louis XIV eût
été la dupe de son valet de chambre, ou
qu'il eût été le complice d'un comédien im-
pie...

Pour une rare fois où Molière nous a expliqué ses intentions, avouez qu'il serait au moins fâcheux que Molière n'eût pris la parole que pour nous tromper; avouez que c'eût été doublement fâcheux dans la circonstance, qu'il eût été aussi maladroit que coupable de mentir en tête d'une pièce qui s'appelait *Tartuffe*, et que si un homme a jamais été dans la nécessité d'être sincère, c'est celui qui était en train justement de faire leur procès aux hypocrites.

Ou plutôt avouez qu'on a pas le droit d'accuser de mensonge un écrivain à moins de l'en avoir convaincu et de l'avoir pris, pour ainsi dire, en flagrant délit de mensonge ».

Tout cela me paraît d'une implacable logique.

Et cependant... il reste vrai que les ennemis de l'Eglise se sont toujours servis de *Tartuffe* comme d'une arme contre la religion. Louis Veuillot a écrit dans *Molière et Bourdaloue* : « Toutes les fois que pour une raison ou pour une autre, les libres-penseurs ont pu ameuter l'opinion contre l'Eglise, aussitôt, à Paris et dans les provinces le Tartuffe reparaît ». Qu'en conclure sinon que les commentateurs de Tartuffe — qu'ils fussent de gauche ou de droite — ont été pour la plupart des « commentateurs passionnés », mais que ce chef-d'œuvre est, il faut bien le dire, une arme à deux tranchants et que l'expérience a prouvé que c'est la religion et non l'hypocrisie qui en souffre. Mais pourquoi en rendre responsable Molière ? Rappelons encore une fois qu'il a écrit. « J'ai pris toutes les circonspections que pourrait demander la délicatesse de la matière pour conserver *l'estime* et le *respect* qu'on doit au *vrai dévot* ». Donc, ceux qui estiment que Tartuffe attaque les vrais dévots, qu'ils le veuillent ou non, accusent Molière d'être un menteur, un imposteur...

Je suis trop moliériste pour m'associer à eux.

Le sujet de *Don Juan* était à la mode. La comédie italienne, l'hôtel de Bourgogne, le Théâtre de Mademoiselle avaient leur *Festin de Pierre*. Molière afin d'exploiter cette veine heureuse dut, lui aussi, composer pour sa troupe une pièce sur le brillant séducteur. Mais, ce que n'avaient point fait ses rivaux, il accentua énergiquement l'athéïsme de don Juan, et les préoccupations du moment firent singulièrement ressortir tout ce côté de la pièce. Une telle clameur s'éleva contre certains mots et certaines scènes, que Molière fut forcé de faire de nombreuses modifications si impérieusement demandées que, dix-sept ans plus tard, quand le *Festin de Pierre* fut imprimé, le texte de la seconde représentation put seul être mis en vente. Et précisément les changements portaient sur tout ce qui touchait aux questions religieuses. Sans cesse, il était question du ciel ; partout le ciel dut être mis hors de cause. On fit aussi de larges coupures dans la scène où Sganarelle interroge son maître sur ses croyances religieuses.

Ainsi donc voici deux pièces qui toutes les deux ont à subir les mêmes ripostes. Le parlement ne pouvait approuver de voir transporter sur la scène ces discussions théologiques. Il faut oublier les idées reçues aujourd'hui et se reporter au xvii° siècle. Au spectacle des passions qui agitent le public, des controverses qui divisent l'Eglise, on comprendra mieux les scrupules sur l'impiété de Don Juan et on s'expliquera l'interdiction de *Tartuffe* par le parlement, les protesta-

tions des dévots et l'ajournement de l'autorisation royale.

En 1706, la police des théâtres fut confiée
d'une manière absolue au lieutenant général
de police de Paris. C'était instituer une censure permanente et régulière. Le théâtre de
la foire nous montre, en effet, à quel déver-
gondage de paroles en arrivaient les auteurs.

L'Amour du Diable de Legrand jouée
en 1708 excitait l'étonnement d'un critique [1].
« Comment la police, observe-t-il, s'est-elle
accoutumée à souffrir qu'on jouât ainsi sur
le théâtre la crainte du diable, qui fait certainement partie de notre religion ».

A la même époque les scrupules qui
avaient fait interdire les tragédies tirées des
livres saints tombaient, et la veuve de Duché
obtenait l'autorisation de faire représenter
Absalon.

Une tragédie, justement oubliée aujour-
d'hui, *Alceste et Admète* (1728) de Boissy,
doit être citée parce qu'elle est une façon

1. *Catalogues et Notices*, manuscrit en huit volumes. Bibliothèque de l'Arsenal.

d'escarmouche dans la grande campagne philosophique contre la religion.

Le rôle de Polydecte, grand prêtre et profond scélérat, causa une telle rumeur avant la représentation, que ni le censeur ni le lieutenant général n'osèrent assumer la responsabilité de l'autorisation et soumirent la tragédie au cardinal de Fleury. Après avoir beaucoup hésité, celui-ci se contenta de deux ou trois changements puérils, qui ne modifiaient en rien l'esprit de la pièce. La représentation put donc avoir lieu. Mais elle fut bientôt suivie de l'interdiction. Voici ce qu'en dit un critique contemporain [1]. « On défendit cette tragédie après quelques représentations. Ce n'est pas tout de se servir de bouches profanes et païennes pour dire des impiétés, quand le crime est trop exposé, il choque partout. On a donc pu croire que l'auteur avait voulu décrier tout mystère de religion et tout sacerdoce sous le caractère de Polydecte, d'autant plus que le sujet est quasi inventé ».

Nous voici arrivés à cette heure militante où l'esprit philosophique, cherchant toutes

---

1. *Catalogues et Notices.* Bibliothèque de l'Arsenal.

les tribunes ouvertes à son prosélytisme, va faire du théâtre une chaire du haut de laquelle il poursuivra son œuvre. Il attaquera toutes les traditions ; livres saints, croyances religieuses, principes d'autorité, tout sera pour lui matière à raillerie.

Mais hélas ! il descendra de la forme élégante et française de Voltaire au patois informe et brutal de Mercier.

La tragédie de Boissy avait ouvert le feu en 1728. Voltaire continua avec son opéra de *Samson*. L'opéra fut interdit. Ce qu'on reprochait à cette pièce c'était le mélange du sacré et du profane, l'altération trop arbitraire de l'histoire sainte.

Dalila était devenue une prêtresse de Vénus, l'Olympe païen se trouvait mêlé à cette inspiration biblique. Voltaire se plaignit de cette mesure sévère, arguant qu'avant lui les Italiens avaient pu jouer un Samson où se trouvaient les farces les plus irréligieuses. Mais ne serait-il pas possible que ce fût l'effet même produit par l'œuvre de Romagnesi en 1730, qui en 1735 ait fait interdire l'Opéra de Voltaire ? Voltaire eut encore maille à partir avec les autorités lorsqu'il voulut faire jouer son *Mahomet ou le Fana-*

tisme. Fait bizarre, lorsqu'il présenta en
1740, sa tragédie au cardinal de Fleury, celui-ci n'y trouva rien à reprendre et lorsque
quelques semaines après on en donna trois
représentations à Lille, les très nombreux
ecclésiastiques qui assistèrent à ces représentations n'y trouvèrent rien de condamna-
ble. Et c'est alors que fort de l'approbation
du cardinal, de l'adhésion du clergé de Lille,
il envoya son Mahomet au censeur d'alors,
Crébillon, qui s'opposa à la représentation ;
mais le lieutenant de police, M. de Marville,
mit son visa sur le manuscrit et le rendit à
Voltaire.

La pièce fut donc jouée, mais le lendemain,
grand émoi au parlement. Et le procureur
général, Omer de Fleury, écrit. « On dit que
vous poursuivez les jansénistes, que vous faites triompher l'irréligion et le crime, et qu'enfin il faut avoir une insolence à toute épreuve
pour oser jouer une pièce aussi abominable ».

Saurin dans sa tragédie *Amènophis* attaque directement le clergé. Voici une tirade
qui fut d'ailleurs supprimée par le censeur
Crébillon :

« Ce n'est plus aujourd'hui ces prêtres respectables,
Révérés des bons rois, aux tyrans redoutables,

> Aujourd'hui, devenus de lâches courtisans
> Aux seuls dieux de la terre ils prodiguent l'encens,
> Et de la tyrannie organes et ministres
> Prêtent la voix du ciel à ses ordres sinistres.
> Ils oseront juger et condamner leur roi :
> Le pouvoir est leur Dieu, l'intérêt est leur loi ».

*
* *

Jamais la lutte engagée par le parti philosophique ne prit une allure plus vive que pendant les dernières années du règne de Louis XV. Le monde, ébranlé par Voltaire, Diderot, d'Alembert, Jean-Jacques, tressaille au moindre cri qui s'échappe de ce camp toujours éveillé. Rousseau venait de publier *Emile*. Le parlement avait fait brûler l'ouvrage par la main du bourreau et l'archevêque de Paris, Mgr de Beaumont, avait écrit contre lui un terrible réquisitoire. Un jeune auteur dramatique, Sauvigny, vit là un sujet à exploiter. Il fit de *La Mort de Socrate* une tragédie de circonstance : Rousseau devint Socrate, l'archevêque de Paris Anitus, et le parlement l'aréopage. Ceci se passait en 1762. Favart, dans sa correspondance avec le comte Durazzo, nous transmet ses impressions. « Cette pièce vient d'être arrêtée à la police. On a cru remarquer des allusions et des personnalités. M. Marin [1] a pris l'alarme un peu trop chaudement. Il est vrai que dans le premier acte, l'auteur tombe fortement sur les prêtres de l'ancienne Grèce, dont le manège peut s'appliquer à celui de toute religion. Les ministres sacrés qui abusent de leur caractère, ne voient pas d'un œil indifférent des portraits qui ont avec eux un air de ressemblance. Un auteur doit être très délicat sur ce chapitre, et la police fait bien d'être attentive sur cet objet respectable, car dans l'esprit du peuple, les ridicules que l'on jette sur les ministres de la religion portent coup, quoique injustement, sur la religion même ».

Sauvigny désireux de voir jouer sa pièce, s'excusa, prétextant sa jeunesse et son inexpérience ; il supprima ou atténua toutes les attaques contre les prêtres et en 1763, la pièce put être jouée.

Gudin de la Brunellerie, trouve dans *Lothaire et Wolfrade ou le Royaume mis en interdit* un prétexte pour peindre la cour de Rome sous ses plus sombres couleurs. Un

---

1. Marin avait succédé à Crébillon comme censeur.

roi qui veut épouser sa maîtresse, la cour
de Rome qui s'y oppose et lance l'excommunication contre le souverain rebelle à ses
ordres, tel est le sujet de cette pièce qui fut
interdite.

Fontenelle écrivit une tragédie en trois
actes, *Ericie ou la Vestale*. Ericie avait été
forcée par son père de se faire vestale. Elle
aimait un jeune homme, Osmide ; celui-ci
pénètre dans le temple de Vesta.

Distraite par l'arrivée de son amant, Ericie laisse s'éteindre le feu sacré. Le grand
prêtre qui la fait condamner et qui doit veiller à son supplice est son propre père.
C'était là une peinture directe des jeunes
filles sacrifiées par leur famille et jetées
sans vocation au fond d'un cloître. Cette
tragédie qui ne put être jouée qu'en 1789,
était le prélude de la véritable avalanche
de pièces contre les couvents qui s'abattit
sur les théâtres en 1791.

Afin de tromper la vigilance de l'autorité
ecclésiastique, les auteurs dissimulaient
leurs attaques en rejetant leurs drames vers
des époques lointaines. Fontenelle s'était
servi des vestales pour peindre l'intérieur
des cloîtres. Leblanc dans *Les Druides* dé-

clame contre le « despotisme sacerdotal et le
fanatisme ». Voltaire vient encore à la res-
cousse dans sa tragédie des *Guèbres*. Les
Guèbres représentaient les chrétiens, les
prêtres de Pluton leurs persécuteurs. Dans
une de ses lettres, Voltaire prétend n'avoir
pas voulu peindre le clergé, mais seulement
l'inquisition. Mais dans une autre il est plus
franc. Il écrit : « A l'égard des adoucisse-
ments sur la prêtraille, c'est là véritablement la chose impossible, qui est au-dessus
des talents du diable ; la pièce n'est fondée
que sur l'horreur que la prêtraille inspire,
mais c'est une prêtraille ancienne ».

On voit quels nombreux et quels énergi-
ques assauts soutint l'Eglise pendant les dernières années du règne de Louis XV et combien la religion était fortement battue en
brèche.

Passons en revue la période révolutionnaire qui vit éclore une véritable floraison
de pièces anticléricales. A peine la Bastille
est-elle prise que le peuple réclame la représentation de *Charles IX*, la tragédie de

Joseph Chénier interdite jusque là. Chénier envoie aux soixante districts de Paris une adresse dans laquelle il leur expose le but de sa tragédie et se défend d'avoir écrit un ouvrage dangereux. *Charles IX* fut un triomphe, tous les traits portèrent. Les comédiens durent répéter certaines tirades, comme un ténor bisse un air, les yeux levés au ciel et la main sur le cœur. Voltaire dut tressaillir au fond de son tombeau, en voyant se réaliser une de ses prophéties : un roi assassin, la Saint-Barthélemy sur la scène, un prêtre, un cardinal, le crucifix à la main, prêchant le meurtre et bénissant les armes des sicaires; scène qui n'avait pas pour excuse la magnifique inspiration musicale du quatrième acte des *Huguenots*.

La tragédie de *Charles IX*, selon le mot de Camille Desmoulins, attacha la cocarde tricolore au bonnet de Melpomène. « C'est un lourd pamphlet dramatique, «écrit V. Delaporte dans les *Etudes* [1], «où le poète décoche des tirades contre les rois, les papes, l'Inquisition. Chénier veut par cette

---

1. Le Théâtre, école du peuple, article paru dans *Les Etudes* année 1901, tome IV.

pièce anéantir le fanatisme, c'est-à-dire la religion ; inspirer l'horreur de la tyrannie, c'est-à-dire de la royauté ; allumer dans les cœurs l'amour de la liberté, c'est-à-dire de la révolution. *Charles IX* excita le délire des Parisiens ; ou, pour employer le style de Chénier « les transports du peuple français ». Joseph Chénier, pour bien éclairer le bon peuple de Paris et les conventionnels qui allaient guillotiner son frère, se multiplia, écrivit drame sur drame, où il traitait l'histoire comme les conventionnels traitaient les honnêtes gens. Ainsi dans sa *Catherine de Médicis*, où il lançait les foudres de sa rhétorique contre « les souverains façonnés par des prêtres », dans son *Jean Calas* où il plaidait pour la vertu opprimée par le fanatisme ; tout cela attendrissait aux larmes les bons sans-culottes. Mais le plus bel exemple de l'histoire falsifiée par le drame et d'une noble figure changée en caricature imbécile, c'est le *Fénelon* joué en 1793. Le pieux et grand évêque n'est plus qu'un solennel déclamateur de niaiseries, invectivant tour à tour contre le fanatisme, contre les vœux de religion « ces attentats sacrés » etc... Puis ce même Fénelon révolté contre l'intolérance de l'Eglise délivre une religieuse, enfermée depuis quinze ans dans un cachot très noir, par une abbesse impitoyable... En 1790, le futur conventionnel Mercier faisait jouer une *Jeanne d'Arc* en 4 actes et en vers, et cet infatigable singe de Rousseau, écrivait : « Si Jeanne eut vécu de nos jours, fidèle à la cause et au cri du peuple, elle aurait marché avec nous à la prise de la Bastille ». O histoire de France !

C'est également en 1790 que l'on joua *La Journée du Vatican ou le Mariage du Pape.* La Cour de Rome apparaissait sous un aspect fantaisiste. Il y avait là nombre de dames, mais malgré les événements qui se précipitaient, elles ne s'amusaient pas beaucoup. Elles décident alors le Saint Père à faire apporter le champagne et Pie VI se met à chanter la coupe en main :

> De tous les saints que l'on chôme
> Dans nos almanachs menteurs,
> Noë, lui seul, est mon homme,
> C'est le premier des buveurs,
> Toi, dont je suis le vicaire,
> De la vierge enfant gâté,
> Change pour nous cette eau claire
> En vin point frelaté.

Puis le pape se décide à se marier et après avoir dansé quelques pas coupés d'entrechats, il rechante quelques couplets libertins. Tout le théâtre révolutionnaire est anticlérical et souvent licencieux. On représente l'évêque d'Autun avec sa claudication et son appétit du gain ; l'abbé Fauchet déclare qu'il ne croit pas en Dieu ; on reproche à l'abbé Goutter d'avoir été garçon limonadier, puis dragon, prêtre et enfin évêque constitutionnel. Tous les moines sont des ivrognes et des coureurs de filles ; les curés sont des sceptiques et des voleurs. Dans son Histoire de la Littérature Française, Petit de Julleville écrit : « Je n'ai parlé que des grandes pièces, tragédies ou drames. Pendant toute la révolution, l'éducation du peuple se poursuivait activement au théâtre, par des piécettes d'actualité où l'impiété le disputait à l'absurde ; où l'on ridiculisait jusqu'à l'infamie, les papes, les rois, la noblesse, les prêtres ; où les curés jettent leurs robes aux orties, se coiffent du bonnet rouge, montent la garde et finalement se marient, tandis que les ducs arborent la cocarde et boivent à la liberté ».

Une pièce sur les mœurs monastiques *Le*

Baron de Woera ou *les Religieuses Danoises* fut d'abord interdite; mais quelque peu retouchée, elle fut jouée sous le titre de *La Communauté*. L'Ambigu donna un ballet pantomime *Dorothée* qui servit de prétexte à la mise en scène des moines et des prélats. Puis vinrent *Le Couvent* de Langeon, et *Comminges* de d'Arnaud.

La Comédie-Française était alors animée d'un esprit réactionnaire qui lui faisait refuser de jouer *Les Jammabos* ou *les Moines Japonais*. Au lendemain de la fête toute patriotique du 14 juillet 1790, l'Opéra reprend *Tarare*, Beaumarchais a fait un nouveau dénoûment. Le mariage des prêtres et la royauté trouvent leur place dans ce poème élastique.

Dans le *Vert-Vert* de Dalayrac, la parodie de l'air religieux *O Filii, O Filiae !* était le thème de l'ouverture. *Vert-Vert*, mort d'indigestion, était ressuscité par l'amour costumé en moine cordelier. L'entrée du cordelier fut sifflée et la pièce tomba.

Dans *La Communauté de Copenhague* ou *le Duc de Woereda* qui n'était autre chose que le *Baron de Woera* que nous avons cité plus haut, les chanoinesses qui avaient remplacé les religieuses, avaient pour amants et recevaient à ce titre, l'une le gouverneur, l'autre l'organiste du couvent, une troisième le jardinier. Bref, les théâtres de Paris offrent de tels spectacles qu'une loi fut préparée à l'Assemblée Nationale pour régulariser la situation des théâtres. La loi fut discutée le 11 janvier 1791. Le rapporteur, Chapelier, opinait pour l'abolition de la censure. Il est intéressant de rappeler ici l'intervention du célèbre abbé Maury. « Sa qualité d'ecclésiastique, « écrit M. Hallays-Dabot, pouvait faire trouver singulière son intervention dans une question de théâtre. Mais il croyait utile d'établir une loi de police qui arrêtât dans les spectacles les outrages aux mœurs, à la religion, au gouvernement et qui prévint les écarts de l'imagination. Ce pauvre abbé prévoyait-il que deux ans plus tard sur un théâtre de Paris, on lui ferait chanter des gaillardises en présence du Sacré Collège et d'un Pape pris de vin, à un souper au Vatican ! »

Robespierre répondit à l'abbé Maury, s'éleva contre toute espèce de censure et tout porte à croire que son existence officielle cessa vers cette époque. Aussi que ne vit-on pas ? Les pièces sur les prêtres et les moines se font plus agressives. On joue *Les Vœux Forcés*, *Le Curé Amoureux* ou *le Mariage des prêtres*, et surtout les *Victimes cloîtrées* de Monvel. Ces pièces sont d'effroyables et prétendues peintures des mœurs monacales. Dans les *Victimes cloîtrées*, deux couvents sont voisins, ils communiquent par un souterrain ; l'un est occupé par des Dominicains, l'autre par des religieuses. Un des supérieurs, le P. Laurent, tombe amoureux d'une jeune personne confiée à la garde de l'abbesse, pendant une absence de ses parents. L'abbesse alors enferme la malheureuse dans un cachot et annonce qu'elle est morte. Un dominicain, honnête par hasard, ayant découvert le crime, le révèle au fiancé de cette jeune fille. Celui-ci va faire appel à la justice ; alors le P. Laurent et tous les moines se jettent sur lui, le bâillonnent et le séquestrent. Mais les deux cachots sont contigus. Le jeune homme trouve une barre de fer ; il s'ouvre un passage à travers la muraille, espérant fuir, lorsqu'il retrouve sa fiancée. Mais le maire et les gardes nationaux ont envahi le couvent, les dominicains sont bien entendu surpris chez les religieuses, on les arrête. Inutile de dire que le parterre accueillait avec enthousiasme ces tableaux invraisemblables et violents.

Mais voici mieux encore, si possible. *La Papesse Jeanne* de Feydau est l'histoire d'une femme qui se déguise en homme et qui après avoir assassiné plusieurs de ses amants, se fait prêtre, arrive au cardinalat ! à la papauté !! et accorde alors le droit de mariage aux prêtres, afin d'épouser son galant. Et allez donc !

Un triomphe, ce fut encore *la Journée du Vatican* ou *le souper du Pape*, comédie dans laquelle on voit des ambassadeurs se battre à coup de poing, un pape ivre, un archevêque bègue et ridicule, des cardinaux débauchés, l'abbé Maury et le Cardinal de Bernis chantant des couplets polissons. Les administrateurs de la police eurent cependant certains scrupules, et le comité de sûreté générale dût mander les directeurs de théâtre et les inviter à faire de leurs scènes une école de mœurs et de décence. C'était trop demander. Deux lettres curieuses sont à signaler. Un auteur, Destival, écrit à Baudrais,

administrateur de la Police, le 12 Nivôse de
l'an II [1].

    « Salut et Fraternité »

    « Tu connais ma pièce intitulée *Le nou-
veau Calendrier* ou *Il n'y a plus de prêtres*,
jusqu'ici j'en ai suspendu les représentations par pure condescendance pour mon
craintif directeur, mais je crois, qu'il n'y a
nul inconvénient que je la fasse représenter,
puisqu'il n'y a rien dedans qui touche à la
célébration des prétendus mystères de la
religion, juste considération politique, qui a
fait suspendre *Le Tombeau des Imposteurs*
et telle autre pièce dirigée dans le même
but. On donne le *Tartuffe* partout, on donne
Les Prêtres et les Rois, on donne *L'esprit
des prêtres*; pourquoi ne donnerait-on pas
ma pièce ?
    Je suis pour toi l'ami et le républicain. »

Destival.

    Baudrais lui répondit : « Ta pièce peut
être jouée sans inconvénient et il serait à

    1. Archives de la Préfecture de Police.

souhaiter que l'on en jouât tous les jours de semblables à tous les théâtres de Paris et de tous les départements de la République. L'esprit public ne tarderait pas à se former, à devenir et à rester ce qu'il doit être chez un peuple qui ne veut plus de charlatans d'aucune espèce.

Salut et Fraternité.

Ton concitoyen et ami. »

BAUDRAIS

Le Nouveau Calendrier ou *Il n'y a plus de prêtres* fut donc joué et fit concurrence au drame de Lombard, *Les Rois et les Prêtres* dans lequel un prêtre assassinait un prisonnier et violait sa femme sur son cadavre. Tout simplement. Aussi comprend-on qu'Audoin dans son rapport au Directoire en 1798, écrivait : « Vous ne devez point ignorer que des pièces de tout genre ont paru avec une profusion effroyable. A peine en compte-t-on quelques-unes qui méritent d'être offertes à un peuple qui a brisé ses chaînes. On dirait qu'une légion de barbares ou d'hommes en délire s'est emparée de la plupart des répertoires. La raison est étouffée presque partout sous un amas d'indécentes extravagances ».

*
* *

Il ne faut donc pas s'étonner si le Premier Consul ne tarda pas à se préoccuper de l'état des théâtres qui continuaient à jouer ce répertoire licencieux et agressif. Bonaparte suivait assidûment les spectacles du Théâtre de la République, c'est-à-dire de la Comédie-Française, il voulait que les chefs-d'œuvre classiques montés et joués avec le plus grand soin servissent de modèle aux jeunes écrivains et modifiassent le goût public.

Aussi, en janvier 1801, faisait-il écrire par Chaptal une lettre aux comédiens français pour les engager à jouer l'ancien répertoire.

C'est grâce à cette lettre que l'on put remettre à la scène *Polyeucte* jusque-là interdit comme donnant un dangereux exemple de fanatisme religieux. Comme il fallait s'y attendre, il y eut sous l'Empire une singulière réaction contre tous les dévergondages d'esprit qui s'étaient produits sur les théâtres parisiens pendant plus de dix années.

Aussi les théâtres ne doivent plus songer à exploiter la mise en scène des prêtres et des moines. Le costume religieux ne fut plus admis sur la scène. *Le Mariage du Capucin* eut beau se transformer en *Mariage du Pèlerin*, il ne fut pas autorisé. Dans un esprit de conciliation, on écarte partout du théâtre les personnages ecclésiastiques. En 1813, on refuse un drame dans lequel il y a un rôle de prêtre *Les Frères sans le savoir*, et le duc de Rovigo écrit au bas du rapport des censeurs Lacretelle et Davigny, cette décision qui est en même temps une règle de conduite : « Refusé. Les ministres de la religion sont des personnages trop graves pour être persiflés ; et il faut toujours les présenter comme des objets de vénération et non pas de ridicule [1] ».

Les censeurs de la Restauration ne furent pas moins sévères que ceux de l'Empire. C'est ainsi que Jouy se vit empêché de faire jouer sa tragédie *Julien dans les Gaules* où

____

1. Cité dans l'*Histoire de la Censure Théâtrale en France*, par Hallays-Dabot.

l'empereur apostat déclamait contre l'Eglise.

Vers 1827, la protection dont le gouvernement entoure l'Eglise, transporte de nouveau le théâtre sur le terrain religieux.

La représentation de *Blanche de Montcassin ou les Vénitiens* d'Arnault n'est autorisée à l'Odéon que moyennant la suppression du mariage célébré au quatrième acte. En 1798 cette scène avait offusqué les républicains comme une manifestation catholique et en 1826 elle offusqua les catholiques et leur sembla une profanation.

L'anticléricalisme sévit de nouveau. *Tartuffe* est la pièce du jour. On joue *Tartuffe*, « écrit M. Dabot, » au Théâtre Français, à l'Odéon. A ce théâtre, les allusions un soir prennent un tel caractère de violence que le parterre est expulsé par la force armée. Le mot d'ordre est donné à la France entière : de toutes parts, le chef-d'œuvre de Molière, devenu l'enseigne d'un parti, est déclamé à la grande joie des mangeurs de prêtraille qui enregistrent dans leurs journaux chaque représentation comme un bulletin de victoire ».

Delaforest, dans son *Cours de Littérature*, écrit : « Le journalisme et les commentaires libéraux ont si bien travaillé pendant le cours de l'année qui finit, que c'est une chose convenue maintenant que tout assassin, faussaire ou empoisonneur est nécessairement un homme religieux, si ce n'est un ecclésiastique ». En effet, dans une Revue jouée en 1828, intitulée *les Bêtises de l'Année*, Desrues, célèbre empoisonneur, paraissait en costume semi-religieux.

*
* *

Mais bientôt, le théâtre, émancipé par la révolution qui porta sur le trône le duc d'Orléans, entra en pleine possession de tout dire et de tout chanter. Ce ne fut pas long. Dès le mois d'août 1830, on vit réapparaître *Les Visitandines* et le *Mariage du Capucin*. C'est par ces œuvres que fut inaugurée cette nouvelle ère de liberté.

Il n'y avait pas trois semaines que les théâtres avaient secoué le joug, que déjà on donnait à la Gaîté, *le Jésuite, le Te Deum et le Tocsin*, et au Vaudeville, *Le Congréganiste*. On peut juger des pièces par leur titre. Le Cirque représente *le Curé Mingrat*, ce curé violait une femme, l'assassinait, puis la jetait dans un torrent avec l'aide d'une autre femme, sa servante et sa maîtresse.

Dans un vaudeville *Napoléon au paradis* un auteur avait montré Saint-Pierre et les anges faisant assaut de quolibets et de plaisanteries. Dans l'*Incendiaire ou la Cure et l'Archevêque*, un archevêque poussait une jeune fille à commettre une série d'incendies dans un but politique, l'archevêché était le centre de toutes les basses intrigues et le prélat un type d'hypocrisie, de scélératesse et de perversité. Dans *Arlequin et le Pape*, joué à l'Ambigu, Clément XIV était représenté dans les positions les plus grotesques. De nombreux drames furent tirés ou imités du *Moine* de Levis, le drame suivait pas à pas le roman et en reproduisait les violences. Aussi n'est-ce pas sans surprise que jetant les yeux sur les réclames des théâtres à cette époque, on trouve cette note singulière : Spectacle demandé par les élèves qui ont obtenu des prix à l'Université ».

N'oublions pas le *Dominicain* ou *le Couvent de l'Annonciade*, où l'on mettait en scène les ardeurs lubriques du dominicain Geromino et signalons que pour la représentation gratuite du 29 juillet 1833, le Cirque donnait le fameux *Mariage du Capucin*.

Au Théâtre Français, le ministre s'appuyant sur le Décret de Moscou empêcha de jouer *le Cardinal Voltaire* de MM. Desnoyers et Lafitte et le *Clément VIII* de M. de Custines.

Des auteurs dépècent pour le théâtre, le roman de Soulié, les *Mémoires du Diable*. Au Théâtre-Historique, Urbain Grandier paraît au milieu des pompes de l'Eglise, puis on le revoit dans un couvent où des nonnes dansent, au clair de lune, des pas à faire frémir d'aise l'impudique Lesbos.

A la Porte Saint-Martin deux auteurs avaient fait une pièce sur la vie de Pie IX, intitulée *Rome*. Elle fut interdite après quelques représentations.

Presque tout le théâtre de Victor Hugo suinte un anticléricalisme voulu ou inconscient. « Faites le bilan de 150 ans de littérature, remarque finement M. Philippe Rambaud dans *Les Lettres* (15 mai 1914); tout ce qui y figure de catholicisme, que ce soit, dans Hugo, dans Michelet ou dans Zola, n'est que caricature. Quand dans *Hernani* Victor Hugo campe Charles-Quint devant la tombe de Charlemagne, Dieu sait les propos anticatholiques qu'il lui prête en vers magnifiques :

> Ces deux moitiés de Dieu, le Pape et l'Empereur...
> Et tout va, le hasard corrigeant le hasard...

Jamais Charles-Quint, catholique, n'a pensé comme cela. Dites que sa pensée fut idiote, si vous l'osez, mais ne la travestissez pas ! Impossible d'entendre, pendant un siècle et demi, un personnage chrétien, de quelque temps que ce soit, sans lui entendre débiter sérieusement des propos à révolter le chrétien authentique le plus rudimentaire. Toujours dans *Hernani*, Dona Sol boit son poison, mais elle en laisse sa part à Hernani « en épouse chrétienne », dit-elle. Quelqu'un qui se souvient un peu de son catéchisme se demandera ce que « l'épouse chrétienne » peut avoir à faire dans un suicide passionnel... »

En 1862, Emile Augier fit représenter au Théâtre Français *Le Fils de Giboyer*, violente satire contre le parti clérical. Emile Augier le reconnaît implicitement dans sa préface de la première édition. « Son vrai

titre, écrit-il, serait *les Cléricaux* si ce voca-
ble était de mise au théâtre ».

*
* *

Ouvrons une parenthèse.

Dans « l'Idée Sociale au Théâtre » [1],
M. Emile de Saint-Auban, regrettait de ne
pas apercevoir plus souvent le prêtre sur les
planches du théâtre, il souhaitait que la dramaturgie contemporaine étudiât à fond
l'énigme sacerdotale.

Je ne partage pas les regrets et les sou-
haits du célèbre avocat. Il me semble, au
contraire, que les auteurs dramatiques modernes ont un peu abusé de la soutane ces
dernières années, bien que sans intentions
malveillantes le plus souvent.

Faut-il rappeler « l'abbé Constantin », où
le prêtre n'est qu'un brave bourgeois, un
notaire en retraite, habillé d'une soutane ;
« le Prêtre » de Charles Buet où le héros
est simplement un gentilhomme très généreux qui garde bien un secret très pénible ;
« le Pater » de François Coppée, où le

---

1. « L'Idée sociale au Théâtre », par Emile de Saint-Auban.
Paris. Stock 1901.

communard assassin de prêtre, endosse la soutane de sa victime; « Judith Renaudin », de Pierre Loti, où l'on voit un vieux curé. « Oh! le bon vieux curé de théâtre! Que jamais paroisse de France n'en connaisse, de vieux ni de jeune, qui ressemble à celui-là. Ce curé sauve des petits Huguenots qu'il cache dans la sacristie de son église, charité dont je ne le blâme point, mais par contre il blasphème autant et plus qu'un vrai huguenot. Singulier curé qui mérite d'être relégué dans la pénombre, non d'une sacristie, mais de Charenton » [1]. Dans « Un Drame Parisien », M. Ernest Daudet nous montre un moine moderne, très moderne même, qui s'en va, traînant sa robe blanche et sa parole sonore, à travers le monde de Paris.

M. Auguste Germain a placé un prêtre dans « En Fête »; on en vit également un dans « le Domaine »; il était même représenté comme une canaille parfaite et les censeurs donnèrent leur visa des deux mains, en se déclarant satisfaits que les ministres aient été enfin respectés par un auteur dramatique.

---

[1]. Article de V. Delaporte dans « les Etudes », année 1901, tome IV.

Dans « le Curé Vincent », M. Maurice Ordonneau nous présente un bon vieux curé de campagne très sympathique, ma foi, avec son gros parapluie.

De même dans « l'Amour veille », MM. de Flers et Caillavet nous montrèrent, très spirituellement d'ailleurs, un autre bon vieux curé de campagne, cousin germain de l'abbé Constantin, véritable vieux curé d'idylle ou de roman comique. Signalons encore la présence de soutanes dans « Nos Deux Consciences », « Les Ames Ennemies », « Mamz'elle Fifi », « La Faute de l'abbé Mouret », « La Tentation de l'abbé Jean », « La Vierge Folle », « Le Duel », « Le Torrent », « Le Roi », « Primerose », Le Vieux Marcheur », « La Soutane », d'Arthur Bernède, « Comédienne », « La Dame de chez Maxim », « Le Cloître », d'Emile Veraheren, etc., etc.

*
* *

Ces Messieurs.

Mais revenons au théâtre spécifiquement anticlérical et étudions une pièce qui fit grand bruit il y a quelques années, « Ces

Messieurs », de Georges Ancey. Cette pièce est vraiment la pièce anticléricale type. C'est incontestablement une œuvre de combat. D'ailleurs elle fut d'abord interdite par la censure, puis après son abolition, créée au Gymnase et reprise plus tard à l'Ambigu. Voyons d'abord ce que M. Ancey prétend avoir voulu faire. Voici un extrait de sa préface. « J'ai essayé sans subterfuge et sans faux-fuyant, mais en termes probes, en accent sincère, de dénoncer une des nombreuses maladies sociales qui nous abêtissent et dont nous mourons. J'ai omis d'aller m'enquérir, auprès des spécialistes du Vaudeville pornographique, des remèdes qu'ils emploient pour accomoder le curé à la scène.

J'ai eu la pudeur de rompre avec les plaisanteries centenaires et cataloguées, plaisanteries de café-concert, etc... J'ai voulu simplement, n'accusant personne, ou, tout au moins accusant en face, montrer la terrible influence que peut prendre le prêtre sur la femme pour leur plus grand péril à tous deux, et cela inconsciemment, sans préméditation, par le seul fait qu'il porte un splendide uniforme d'officiant et qu'il a de beaux gestes : histoire universelle qui pourrait s'appliquer à tous les prêtres de toutes les religions... etc. »

M. Ancey semble donc planer dans les hautes sphères d'une objective impartialité. Mais de la théorie à la pratique, il y a loin, aussi loin que de la préface à la pièce. Aussi bien, que penser de cette soi-disant impartialité en pareille matière? M. Adolphe Brisson, alors critique du « Temps », va nous le dire. « Il est à remarquer », écrit-il, « que les polémistes, les pamphlétaires, ceux qui se font les avocats ardents d'une cause protestent volontiers de leur modération. Au moment où ils vilipendent leurs adversaires, ils prétendent n'obéir qu'à l'impulsion d'une sagesse calme et réfléchie, ils veulent absolument qu'on les croie impartiaux. En quoi, ils se montrent absurdes ou inconscients d'eux-mêmes. L'impartialité est incompatible avec de certains sujets. On ne les peut aborder qu'avec des dispositions d'esprit belliqueuses. Et c'est pour cela que vous vous y attaquez... Cela est inévitable. Cela est nécessaire. Il ne faut pas que les œuvres de cette espèce aient de l'impartialité, car elles cesseraient d'être vivantes; il n'est rien de plus froid que le parfait équilibre. *M. An-*

*cey hait le prêtre, et, quoi qu'il prétende,
particulièrement le prêtre catholique* [1] ».

Et, en effet, M. Ancey ne nous montre
que des prêtres tarés. Le principal personnage, l'abbé Thibaut n'est qu'un ambitieux
doublé d'un débauché qui s'en va chaque
semaine à Paris accomplir un petit pèleri-
nage cythéréen, l'abbé Nourrisson est fiel-
leux et vipérin, l'évêque, Mgr Gaufre, est
d'un scepticisme incroyable. « Qu'un catholique pratiquant puisse être sincère », écrit
encore M. Brisson, « voilà ce que M. Ancey
n'accepte point, ne veut point. C'est une
hypothèse qui ne saurait lui entrer dans l'en-
tendement. La foi est une chose qui lui
paraît si monstrueuse et si saugrenue qu'il
ne conçoit pas que des hommes, s'en puissent dire possédés, sans être ou des malades,
ou des coquins, ou des fous ».

Mais enfin, prenons l'histoire de l'abbé
Thibaut, telle que M. Ancey nous la raconte
dans « Ces Messieurs ». Admettons qu'il
l'ait rencontrée dans la vie. Que diable pour-
rait-on en conclure ? M. Ancey en conclut
gravement, lui, « qu'inconsciemment, sans

1. « Le Théâtre et les Mœurs ». Ier volume, par M. Adolphe
Brisson. Ernest Flammarion, édit.

préméditation, le prêtre peut prendre sur la femme une influence qui est un grand péril pour tous deux ». Grand merci! Il y a belle lurette que tout le monde le sait et il était vraiment inutile et puéril de faire une pièce pour le prouver. Et il y a déjà quelques siècles que l'Eglise avait entrevu ce que croit découvrir M. Ancey.

Il n'est d'ailleurs pas question de prétendre que tous les prêtres sont des saints; ce serait aussi partial que de prétendre comme M. Ancey, qu'ils sont tous des chenapans.

Mais sur un sujet aussi délicat, je m'efface devant l'autorité d'un Jésuite, le P. Suau, qui dans « les Etudes »[1] analysant précisément « Ces Messieurs » répondait à M. Ancey. « Tous les prédicateurs de l'Eglise depuis Saint Pierre et Saint Paul jusqu'au moindre des contemporains ont signalé à ces messieurs le danger que charitablement leur indique M. Ancey. Ce que cet écrivain a donc mis de vrai, de profondément vrai dans sa pièce est banal, banal à faire pitié. A la banalité, malheureusement, s'ajoute le so-

---

1. « Ces Messieurs », article du P. Suau, paru dans « Les Etudes » année 1901, tome IV

phisme. Que M. Thibaut, en effet, soit ambitieux et imprudent; que M. Nourrisson soit indiscret et jaloux ; que mesdames Grippe, Longe, Fourriquet, Lapate et Pépin soient des sottes, qu'importe? Et de quel droit M. Ancey en conclut-il que leur histoire est l'histoire presque universelle qui pourrait s'appliquer à tous les prêtres de toutes les religions? Quelle logique autorise une si outrageante conclusion? L'histoire existe et il n'est au pouvoir d'aucun faiseur de roman ou de drame de la supprimer.

De pauvres apologistes ont cru bien faire, à certaines époques, en niant toutes les fautes des prêtres ou des papes, en changeant l'histoire de l'Eglise en une apologie monotone. Ils faisaient preuve de faiblesse d'esprit... »

Et plus loin. « Or, qu'est la vulgaire aventure d'un obscur abbé Thibaut? L'Eglise a connu de plus retentissants et de plus authentiques scandales. Judas fut un traître et Benoît IX un polisson. Que M. Ancey lise donc les œuvres du réformateur saint Pierre Damien : il saura de quelles contagions de simonie, de complaisance ou de corruption l'Eglise est périodiquement at-

teinte. Mais, par exemple, qu'il regarde aussi
quelles moissons de vertu ont germé sur ce
sol tourmenté. Un écrivain sérieux, si peu
instruit soit-il, ne peut assimiler tous les
prêtres à l'abbé Thibaut. Il le peut en
France moins peut-être qu'ailleurs, parce
que notre clergé, régénéré par le martyre,
au xviiie siècle, a donné au monde, au cours
du siècle suivant, des exemples de désinté-
ressement et de zèle, qu'aucune défaillance
contemporaine ne doit faire oublier. » Et le
Père Suau termine sa magistrale étude par
ces lignes. « Il peut se faire que des âmes
sacerdotales participent aujourd'hui à la
commune dépression des consciences : un
air vicié empoisonne quiconque y est plongé.
Aussi que M. Ancey, soucieux de sa réforme,
prêche au clergé le sacrifice et le détache-
ment, nous l'applaudirons ; mais qu'il res-
pecte ce qu'il n'a pas le droit de mépriser. Il
trouve mauvais qu'on ait interdit sa pièce.
Les gens qui vivent dans leur coin, écrit-il,
doivent pouvoir exercer leur métier. Dans
les coins les plus obscurs du monde, aux
postes les plus périlleux, des prêtres pei-
nent et meurent, et ils ont bien le droit,
j'imagine, d'exercer eux aussi, sans qu'on

les insulte, leur modeste et divin métier. »

Cette cinglante réponse date de 1901, elle n'en a que plus de valeur aujourd'hui. Car il ne faudrait pas oublier qu'il y a eu la guerre, que plusieurs milliers de soutanes sont tombées au champ d'honneur, que des centaines d'autres ont reçu la Légion d'Honneur ou la Médaille Militaire, des milliers la Croix de guerre.

Il est à croire — ou à espérer — que le chapitre du théâtre anticlérical est maintenant terminé.

CHAPITRE II

L'ÉGLISE CONTRE LE THÉATRE

On pense bien que l'Eglise attaquée de
tous temps par le théâtre songea à se défendre, ou à défendre la morale elle-même
devant les audaces des dramaturges.

Les Pères de l'Eglise se sont montrés
particulièrement sévères, nous ne compre-
nons plus grand chose à leurs anathèmes,
mais ne faut-il pas tenir compte du temps
et du milieu, et d'ailleurs ; comment aurait-il
pu en être autrement puisque les grands
philosophes païens eux-mêmes, Platon et
Aristote, condamnaient le théâtre ? « Nous
ne recevons, dit Platon, ni la comédie ni la
tragédie dans notre ville. » Il ne souffre

pas que la tragédie fasse paraître les hommes ou heureux ou malheureux par des
biens ou des maux sensibles. « Tout cela,
dit-il, n'est que corruption ». Et la comédie
n'était pas mieux traitée par Platon que la
tragédie. Il n'approuve pas davantage « cette
pente aveugle et impétueuse à se laisser emporter par l'envie de rire ».

Aucune représentation ne lui plaisait,
parce qu'il n'y en avait point « qui n'excitât
ou la colère, ou l'amour, ou quelque autre
passion. » Quant à Aristote qui aimait
pourtant à contredire son maître Platon, il
n'admettait point que la jeunesse assistât
aux représentations, il trouvait qu'il est
dangereux d'exciter les passions qui plai-
sent parce que, dit-il, « l'action suit de
près les discours et qu'on se laisse aisément
gagner aux choses dont on aime l'expres-
sion ».

« En interdisant l'assistance aux spectacles, « écrit M. Jean de Bonnefon », l'Eglise
primitive suivit la tradition des sages antiques : le grand Scipion n'empêche-t-il pas
la construction d'un théâtre de pierre dans
Rome ?

Ovide qu'on s'attend peu à voir dans

cette affaire, ne supplie-t-il pas dans ses
« Tristes » l'empereur Auguste de supprimer les théâtres ? Sénèque ne soutient-il pas
que l'homme reçoit au théâtre les méchan-
tes impressions du vice ? Et Solon et Plu-
tarque ne sont-ils pas du même avis ? » [1].

Les Pères de l'Eglise ne pouvaient donc être
plus indulgents que les païens. « L'Eglise »,
dit *Saint Augustin,* « n'exerce la sévérité
de ses censures que sur les pécheurs dont
le nombre n'est pas grand, c'est pourquoi
elle condamne les comédiens et croit par
là défendre assez la comédie. On prive des
sacrements et à la vie et à la mort, ceux qui
jouent la comédie, s'ils ne renoncent à leur
art, on les exclut des ordres sacrés, comme
des personnes infâmes ; par une suite in-
faillible la sépulture ecclésiastique leur est
déniée ».

Saint Chrysostôme écrit « que sans courir
au théâtre, nous trouvons la nature si riche
en spectacles divertissants et que d'ailleurs
la religion est capable de nous fournir tant
d'occupations où l'esprit se peut relâcher
qu'il ne faut pas se tourmenter pour en

1. J. de Bonnefon, *Les Cas de Conscience moderne,* p. 206.
L'Edition Moderne. Paris.

chercher davantage, enfin que le chrétien n'a pas tant besoin de plaisir qu'il lui en faille procurer de si fréquents et avec un si grand appareil ». Ce saint écrivait encore aux fidèles. « C'est pour vous qu'un chrétien se fait bouffon. C'est pour vous qu'il renonce à la dignité du nom qu'il porte : ôtez les auditeurs vous ôtez les acteurs ». Et ceci : « S'il est si beau d'être plaisant sur un théâtre, que n'ouvrez-vous cette porte aux gens libres ».

Monseigneur Binet, évêque de Soissons, dans son Mandement du Carême pour 1922 cite un autre passage de saint *Jean Chrysostôme*. Le voici. « Au sortir du théâtre, votre maison vous semble trop simple, parce que vous avez dans l'esprit les splendeurs de la mise en scène ; votre femme vous déplait parce qu'elle est moins belle et moins parée que l'actrice ou la danseuse que vous avez applaudie, et vous faites retomber votre mauvaise humeur sur ceux qui vous entourent ».

Dans la 3e homélie sur David et Saül, le même docteur écrit. « Il est défendu de représenter ce qu'il est défendu de faire. Si le péché est un désordre, c'en est un autre

d'en affecter les dehors audacieux ; si l'adultère est un crime, le simuler est un autre
crime ».

Et encore dans sa 7ᵉ homélie sur Saint
Mathieu. « C'est le démon, oui le démon
seul qui a fait un art de ces jeux et de ces
divertissements pour attirer sous ses ban-
nières les soldats de Jésus-Christ, amortir
leur vigueur et énerver leurs vertus. C'est
dans ce dessein qu'il a dressé près de vos
places des théâtres où il exerce et forme
de ses mains des instruments de corruption
pour les lâcher dans les villes et les perver-
tir ». Enfin dans sa 38ᵉ homélie sur Saint
Mathieu (in fine) Saint Jean Chrysostôme
conclut. « Vous donnez un mauvais exemple
aux autres, vous assistez aux représentations
théâtrales sans courir aucun risque, mais
vous en inspirez l'amour à de plus faibles
que vous, et par là vous scandalisez votre
prochain. Si vous demeurez pur au milieu
des écueils, vous le seriez bien davantage
en les fuyant ».

Saint Thomas semble en contradiction
avec lui-même. Il déclare d'abord que la
profession de comédien n'est pas blâmable
pourvu qu'elle garde les règles qu'il lui

prescrit « qui sont de ne rien dire et de ne rien faire d'illicite, ni rien qui ne convienne aux affaires et au temps ».

Mais ailleurs il compte cette profession parmi les professions infâmes, et le gain qui en revient parmi les gains illicites et honteux « tels que sont dit-il, le gain qui provient de la prostitution et du métier d'histrion : quædam dicuntur male acquisita, quia acquiruntur ex turpi causa, sicut de meretricio et histrionatu, et aliis hujusmodi » [1].

Saint Antonin fut un peu plus indulgent. Il approuve le métier d'histrion au même sens et aux mêmes conditions que Saint Thomas dans le texte cité, et parlant de représentations en vogue de son temps : « reprœsentationes quæ fiunt hodie »; il ne les condamne qu'en certains cas et en certaines circonstances « si on y représente des choses malhonnêtes, turpia ». Il voulait aussi que ces réjouissances fussent exclues « du temps de la pénitence et du carême » et il exigeait qu'elles ne fassent pas négliger l'office divin. Mais le plus sévère de tous

---

1. Cité par Bossuet dans ses *Maximes sur la Comédie*.

les Pères fut sans doute *Saint Charles.* Il appelle la comédie « un reste de gentilité, spectacles inutiles, ludiera et inania spectacula ». Il range ces divertissements « parmi les attraits et les pépinières du vice, illecebras et seminaria vitiorum ». Il abandonne les comédiens au zèle et à la censure des prédicateurs à qui il ordonne « de ne rien omettre pour inspirer l'horreur de ces jeux pernicieux, en ne cessant de les détester comme les sources des calamités publiques et des vengeances divines. Il admoneste les princes et les magistrats de chasser les comédiens, les baladins, les joueurs de farces et autres pestes publiques, comme gens perdus et corrupteurs des bonnes mœurs, et de punir ceux qui les logent dans les hôtelleries ». On voit que les tournées devaient être impraticables en ce temps là et que M. Baret lui même n'y aurait pas fait fortune.

Bref, pour tous les Pères de l'Eglise le théâtre fut à proprement parler le domaine du démon, tous se prononcèrent contre lui. Citons encore : Saint Cyprien, Arnobe, Lactance, Saint Basile, Saint Grégoire de Nazianze, Saint Jérôme et Saint Augustin. « Ils reprochaient au théâtre sa frivolité, son inutilité, d'abuser du rire grossier et des plaisanteries faciles ou basses, d'être un foyer de concupiscence par la promiscuité des hommes et des femmes, par la mimique d'actrices et d'acteurs trop efféminés dont la vue n'était peut-être pas moins dangereuse même pour les hommes; par la représentation de scènes d'amour, d'adultères et d'impuretés, d'exciter à la cruauté et à l'idolâtrie et chose plus grave à l'impiété » [1].

Et certes tous ces reproches étaient amplement justifiés.

Car pour pouvoir comprendre la sévérité des Pères de l'Eglise et des philosophes, il faut se rendre compte de l'état du théâtre devant lequel ils se trouvaient. Or le théâtre n'était la plupart du temps « qu'une débauche énorme, violente, crapuleuse, inconcevable à nos civilisés actuels, pour démoralisés qu'ils soient [2] ».

1. Article de M. Henri Bachelin, (*Comoedia*, 3 juin 1914). Dans cet article M. Henri Bachelin rendait compte d'un intéressant ouvrage : *Pourquoi les Pères de l'Eglise ont condamné le Théâtre de leur temps,* par J. B. Eriau. Édouard Champion éditeur, 5 Quai Malaquais.
2. Les conditions d'une littérature catholique, article de Philippe Raimbaud dans *Les Lettres,* 15 mai 1914.

Le christianisme naissant ne pouvait faire autrement que de le repousser et que de déclarer infâme à l'instar des lois romaines, les vils instruments de ces spectacles honteux. Le traité de *Tertullien* sur les spectacles exprime lui aussi d'une manière véhémente l'opinion de l'Eglise. Le théâtre n'est pour lui que le sanctuaire de Vénus et de Bacchus. « Tous deux, écrit-il, ne règnent pas moins sur les arts auxiliaires de la scène. Par les gestes et les mouvements dissolus du corps, infamie particulière à la scène comique, de misérables histrions sacrifient leur honneur à Vénus et à Bacchus, ceux-ci en dégradant leur sexe, ceux-là par d'impudiques pantomimes ». L'imprécation de Tertullien devint le jugement de l'Eglise. Mais encore une fois gardons-nous de séparer cet arrêt rigoureux de l'état du théâtre à l'époque où il fut rendu. Ce que l'Eglise condamnait c'était le théâtre souillé et païen. L'instinct dramatique est trop inhérent à la nature humaine pour que l'Eglise pût le méconnaître entièrement. Remarquons, en passant, que Saint Thomas d'Aquin et Saint Antonin approuvent certaines gaietés de la littérature, ludiera, jocosa, quand elles se maintiennent dans l'honnêteté.

« *L'Eglise n'est pas systématiquement opposée au théâtre*, écrit M. le chanoine Coubé, elle n'en blâme que les excès. Elle condamne les spectacles licencieux et les tirades immorales. Et personne ne peut s'en étonner. Au IVe et Ve siècles, on jouait les pièces souvent obscènes d'Aristophane, d'Alexis, de Ménandre, de Plaute, de Térence. Le théâtre grec ou romain était une école de vices. Il n'est pas surprenant que saint Jean Chrysostôme et d'autres Pères aient défendu aux chrétiens de le fréquenter » [1].

Au reste la sévérité des Pères de l'Eglise s'atténua peu à peu ; cependant les évêques n'en protestèrent pas moins toujours contre les licences de l'art dramatique, ils en furent les censeurs attitrés, suivant en cela les maximes de Platon qui le premier proclama la nécessité d'une loi qui astreignît le poète à ne point s'écarter dans ses vers de ce qu'on tient dans l'Etat pour légitime, juste, beau et honnête ; il demandait qu'aucune

---

1. *Revue des Objections*, 15 janvier 1922. Revue mensuelle dirigée par M. le chanoine Coubé, 53 avenue Bosquet, Paris.

pièce ne fût présentée avant d'avoir été examinée par les censeurs [1].

Nous avons vu que dès le début, les fêtes célébrées dans les églises prirent bientôt une allure si vive, si licencieuse, que le clergé comprit le danger et l'inconvenance de ce mélange du sacré et du profane. On en vint jusqu'à terminer la comédie sacrée par un bal dans l'église, si bien que le pape Eugène II dut condamner ces indécentes sauteries. Eudes de Sully, l'évêque de Paris, voulut lui aussi mettre un terme au scandale de ces représentations et il publia un mandement qui les interdisait dans toutes les paroisses de son diocèse. Cette tentative de répression ne réussit pas complètement, les édits de plusieurs conciles le prouvent, et la profanation continua pendant de longues années. Ce n'est qu'au cours du xve siècle que l'épiscopat français défendit absolument les représentations dans les églises et se mit à surveiller de près l'évolution du théâtre laïque lui-même. Sans doute y vit-il de graves abus, car comme en témoigne le Rituel Parisien du temps, on considérait

---

1. Platon, *La République, Les Lois.*

les comédiens comme des excommuniés indignes de la sépulture religieuse.

Examinons et précisons cette fameuse excommunication des comédiens. Clovis, premier roi chrétien, ne reçut le baptême qu'en 496 ; mais les ministres de sa nouvelle religion, voulant adoucir et épurer les mœurs de la nation, lancèrent des anathèmes foudroyants contre les histrions obscènes et les gens de cirque qui entretenaient parmi le peuple toutes les idées, tous les gestes des païens et nuisaient ainsi à leurs efforts pour l'établissement et la propagation de la foi. Le concile d'*Elvire* en Espagne, tenu l'an 300 ou 305 est le premier qui contienne un canon (c'est le LXII) contre les gens de théâtre. Le voici : « Si un cocher de cirque, ou un pantomime veulent se convertir, qu'ils renoncent premièrement à leur métier, sans espérance d'y retourner ; si après avoir été reçus, ils contreviennent à cette défense, qu'on les chasse de l'Eglise ». Le Concile d'*Arles* tenu en 314 ou 317 fulmine dans ses canons IV et V en ces termes : « Il a été jugé convenable à l'égard des fidèles qui font profession de jongleur, bateleurs, qu'ils seront séparés de la communion de l'Eglise tant qu'ils exerceront cette profession, (canon IV). Il a de même été jugé convenable que tous les gens de théâtre seraient également séparés de la communion de l'Eglise tant qu'ils y demeureront attachés ». Les conciles de *Mayence*, de *Tours*, de *Reims* et de *Chalon-sur-Saône* qui furent tenus l'an 813 défendirent aux évêques et aux autres ecclésiastiques d'assister à aucun spectacle sous peine de suspension. Charlemagne autorisa cette disposition par une nouvelle ordonnance de la même année. Il fallut attendre 1849, pour que le Concile de *Soissons* levât cette excommunication en déclarant : « Quant aux comédiens nous ne les *mettions pas au nombre des infâmes ni des excommuniés* ».

« Cependant si, comme cela arrive presque toujours, ils abusent de leur profession au point de jouer des pièces impies ou obscènes, on doit leur refuser la communion eucharistique ».

Dans son remarquable ouvrage sur la *Comédie Française*[1], Madame Dussane écrit à propos de l'excommunication des Comé-

---

1. *La Comédie Française*, par Madame Dussanne, sociétaire de la Comédie Française. La Renaissance du Livre, Edit. Paris.

diens. « En France, avant que l'Eglise eût
donné naissance au théâtre religieux, Charlemagne avait également taxé d'infamie
les baladins, qui, sincèrement parlant, ne
devaient pas, dans l'état de la civilisation,
être bien recommandables. Cependant nous
avons vu des souverains pensionner des
jongleurs ; les seigneurs possédaient des
troupes de jongleurs attachés à leur maison.
C'est probablement ainsi que les papes et
les grands princes ecclésiastiques italiens
eurent à leur solde, parmi la pompe qui les
entourait, les premières troupes de comédiens. Tout naturellement ils les relevèrent
de l'excommunication qui avait été lancée
autrefois contre les gens d'un état analogue
au leur. Mais cette exception suivit le caractère personnel et particulier des troupes en
question. Les comédiens italiens, d'abord
propriété, puis seulement sujets du Pape,
furent relevés de l'excommunication.

Le cas des comédiens d'autre nationalité,
particulièrement des comédiens français, ne
fut jamais réglé. Il est très vraisemblable
que le Pape, puissant souverain temporel,
ait laissé volontiers cet avantage à ses sujets
séjournant à l'étranger, sans jamais se pro-

noncer plus explicitement. De telle sorte que les rapports des comédiens avec le clergé furent, à vrai dire, laissés un peu à l'interprétation personnelle des individus en présence. L'excommunication des comédiens apparaît beaucoup plus comme un point litigieux donnant occasion d'excercer des rancunes de "personnes ou de clans que comme un grand principe unanimement reconnu » (pages 17 et 18).

Le cardinal de Richelieu fit rendre par le roi une déclaration qui met en relief le rôle que devait jouer le théâtre dans l'Etat. « La crainte que nous avons que les comédies qui se représentent utilement pour le divertissement des peuples, ne soient quelquefois accompagnées de représentations peu honnêtes, qui laissent de mauvaises impressions sur les esprits, fait que nous sommes résolu de donner les ordres requis pour éviter de tels inconvénients. A ces causes, nous avons fait et faisons très expresses inhibitions et défenses par ces présentes signées de notre main, à tous comédiens de représenter aucunes actions malhonnêtes, ni d'user d'aucunes paroles lascives ou à double entente, qui puisse blesser l'honnêteté publique, et

sur peine d'être déclarés infâmes, et autres
peines qu'il y échoira ; enjoignons à nos
juges, chacun en son district, de tenir la
main à ce que notre volonté soit religieuse-
ment exécutée, et en cas que lesdits comédiens contreviennent à notre présente déclaration, nous voulons et entendons que nos
dits juges leur interdisent le théâtre, et
procèdent contre eux par telles voies qu'ils
aviseront à propos, selon la qualité de l'action, sans néanmoins qu'ils puissent ordon-
ner plus grandes peines que l'amende et le
bannissement. »

Cette déclaration n'établissait pas cependant une censure régulière. Or, peu d'années
plus tard, l'*abbé d'Aubignac* frappé de l'état
de désordre moral de l'art dramatique, eût
voulu voir établir en France un grand maître des théâtres et des jeux publics. Ce
sous-secrétaire d'Etat aux beaux-arts —
avant la lettre — aurait eu pour premier
devoir de veiller à ce que le théâtre se main-
tînt dans les règles de l'honnêteté, et aucune
pièce n'aurait pu être jouée, avant qu'il ne
l'eût autorisée. Mais personne ne releva
cette demande. Richelieu avait disparu.

L'Eglise contre Tartuffe.

Lorsque, fort de l'autorisation verbale du roi, Molière fit jouer son Tartuffe, les protestations ne se firent pas attendre. Le premier président M. de Lamoignon fit interdire la pièce et quelques jours après, l'archevêque de Paris, dans un mandement, défendait aux fidèles de la voir représenter, de la lire ou de l'entendre.

Voici d'ailleurs l'ordonnance de *Mgr Hardouin de Péréfixe* :

« Sur ce qui nous a été démontré par notre promoteur que, le vendredi cinquième de ce mois, on représenta, sur l'un des théâtres de cette ville sous le nouveau nom de *l'Imposteur*, une comédie très dangereuse, et qui est d'autant plus capable de nuire à la religion, que, sous prétexte de condamner l'hypocrisie ou la fausse dévotion, elle donne lieu d'en accuser indifféremment tous ceux qui font profession de la plus solide piété, et les expose par ce moyen aux railleries et aux calomnies continuelles des libertins : de sorte que pour arrêter le cours d'un si grand mal, qui pourrait séduire les âmes faibles et les détourner du chemin de la vertu, notre dit promoteur nous aurait requis de faire défenses à toutes personnes de notre diocèse de représenter, sous quelque nom que ce soit, la susdite comédie, de la lire ou entendre réciter, soit en public, soit en particulier, sous peine d'excommunication.

Nous, sachant combien il serait, en effet, dangereux de souffrir que la véritable piété fût blessée par une représentation si scandaleuse et que le Roi même avait ci-devant très expressément défendue ; avons fait et faisons très expresses inhibitions et défenses à toutes personnes de notre diocèse de représenter, lire ou entendre réciter la susdite comédie, soit publiquement, soit en particulier, sous quelque nom et quelque prétexte que ce soit, et ce sous peine d'excommunication. » (Le 11 août 1667).

Mgr Hardouin de Péréfixe ne fut pas le seul homme d'Eglise à protester contre Tartuffe. *Bourdaloue* dans son « Sermon sur l'hypocrisie » le condamna à son tour. Ecoutons-le. « Et voilà, chrétiens, ce qui

est arrivé lorsque des esprits profanes, et
bien éloignés de vouloir entrer dans les intérêts de Dieu, ont entrepris de censurer
l'hypocrisie, non point pour en réformer
l'abus, ce qui n'est pas de leur ressort, mais
pour faire une espèce de diversion dont le
libertinage pût profiter, en concevant et
faisant concevoir d'injustes soupçons de la
vraie piété, par de malignes représentations
de la fausse... Damnables inventions pour
humilier les gens de bien, pour les rendre
tous suspects, pour leur ôter la liberté de se
déclarer en faveur de la vertu, tandis que le
vice et le libertinage triomphaient : car ce
sont là, chrétiens, les stratagèmes et les
ruses dont le démon s'est prévalu, et tout
cela fondé sur le prétexte de l'hypocrisie. »
(Sermon sur l'Hypocrisie, VIIe dimanche
après la Pentecôte).

Dans sa lettre au P. Caffaro (1694), lettre
dont nous parlerons plus loin, *Bossuet* disait
en visant spécialement Tartuffe. « Songez
si vous oserez soutenir à la face du ciel des
pièces où la vertu et la piété sont ridicules ».

Enfin *Massillon* dans son sermon sur
l'Injustice du monde se plaignait de « ce qu'un
théâtre profane avait eu tort de ne donner

que du ridicule à un caractère abominable si honteux et si affligeant pour l'Eglise et qui doit plutôt exciter les larmes et l'indignation que la risée des fidèles. »

La mort de Molière.

La mort de Molière fut un des plus douloureux épisodes de la lutte de l'Eglise contre le Théâtre. On a dit souvent que l'Eglise lui refusa la sépulture ecclésiastique. Ce n'est pas tout à fait exact. Laissons parler les faits.

Le jour de la quatrième représentation du *Malade Imaginaire*, Molière se sentit souffrant. Ses amis le pressèrent de ne point paraître dans cette pièce où il jouait le rôle d'Argan. « Comment voulez-vous que je fasse ? répondit-il. Il y a cinquante pauvres ouvriers qui n'ont que leur journée pour vivre ; que feront-ils si je ne joue pas ? Je me reprocherais d'avoir négligé de leur donner du pain un seul jour, le pouvant faire absolument. »

Molière se rendit donc au théâtre et joua.

Pendant « la Cérémonie », il fut saisi d'une crise qu'il voulut encore dominer. Mais il était épuisé. On le conduisit chez lui où il fut pris d'un accès de toux convulsive. Se sentant mortellement frappé, il demanda les secours de la religion et envoya quérir successivement deux prêtres de la paroisse Saint Eustache qui refusèrent de se rendre auprès de lui. Un *troisième ecclésiastique arriva.* Il était trop tard. Il mourut à dix heures du soir le 17 février 1673. Deux sœurs de charité qui venaient tous les ans quêter à Paris et qui recevaient l'hospitalité dans sa maison, reçurent son dernier soupir. Le curé de Saint Eustache refusa donc la sépulture au poète. Sa veuve adressa alors à l'archevêque de Paris Mgr Harlay de Chauvalon la requête que voici :

« A Monseigneur l'illustrissime et révérendissime archevêque de Paris.

Du 17 febvrier 1673.

Supplie humblement Elisabeth-Claire-Grésinde Béjart, veuve de feu Jean Baptiste Poquelin de Molière, vivant valet de chambre et tapissier du Roy, et l'un des comédiens de sa troupe, et en son absence Jean Aubry, son beau-frère, disant que vendredy dernier, dix-septième du présent mois de febvrier, mil six cent soixante-treize, sur les neuf heures du soir, ledict feu sieur de Molière s'estant trouvé mal de la maladie dont il décéda une heure après, il voulut dans le moment témoigner des marques de ses fautes, et mourir en bon chréstien, à l'effet de quoi avec insistances il demanda un prestre pour recevoir les sacrements, et envoya à plusieurs fois son valet et servante à Saint Eustache, sa paroisse, lesquels s'adressèrent à messires Lenfant et Lechat, deux prêtres habituez en ladicte paroisse qui refusèrent plusieurs fois de venir ; ce qui obligea le sieur Jean Aubry d'y aller lui-mesme pour en faire venir, et de faict fist lever le nommé Paysant, aussi prestre habitué audict lieu ; et comme toutes ces allées et venues tardèrent plus d'une heure et demye, pendant lequel temps ledict feu Molière décéda, et ledict sieur Paysant arriva comme il venait d'expirer ; et comme ledict feu Molière est décédé sans avoir reçu le sacrement de confession dans un temps où il venait de représenter la comédie, monsieur le curé de Saint-Eustache lui refusa la sépulture, ce qui oblige la supplicante à vous présenter requeste, pour luy estre sur ce pourvu.

Ce considéré, Monseigneur, et attendu ce que dessus, et que ledit défunct a demandé auparavant que de mourir un prestre pour être confessé, qu'il est mort dans le sentiment d'un bon chrestien, ainsi qu'il l'a tesmoigné en présence des deux dames religieuses, demeurant en la même maison, d'un gentilhomme nommé M. Couton, entre les mains de qui il est mort, et de plusieurs autres personnes, et que M. Bernard, prestre habitué en l'église de Saint-Germain, lui a administré les sacrements à Pasque dernier, il vous plaise de grâce spéciale, accorder à ladicte suppliante que sondict feu mary soit inhumé et enterré dans ladicte église de Saint-Eustache, sa paroisse, dans les voyes ordinaires et accoutumées, et ladicte suppliante continuera les prières à Dieu pour vostres prospérité et santé et ont signé.

Ainsy signé.

Le Vasseur et Aubry.

Puis accompagnée du curé de Passy, François Loyseau, prêtre de l'Oratoire, la veuve de Molière s'adressa à Louis XIV pour lui faire rendre les honneurs de la sépulture. Le roi fit donner avis au prélat que la sépulture fût accordée. L'archevêque fit faire une enquête par l'Official, pour s'assurer que Molière était mort, comme disait sa veuve, « dans les sentiments d'un bon chrétien », l'enquête fut favorable et Mgr Harlay de Chauvalon rendit la décision suivante :

« Veu, etc..., ayant esgard aux preuves résultantes de l'enqueste faite par mon ordonnance, *nous avons permis au sieur curé de Saint-Eustache de donner la sépulture ecclésiastique* au corps du défunt Molière dans le cimetière de la paroisse, à condition néanmoins que ce sera sans aucune pompe, et avec deux prestres seulement, et hors des heures du jour, et qu'il ne se fera aucun service solennel pour luy, ny dans ladicte paroisse Saincte-Eustache ny ailleurs, mesmes dans aucune église des réguliers, et que nostre présente permission sera sans préjudice aux règles du rituel de notre église, que nous voulons être observées selon leur forme et teneur.

Donné à Paris ce vingtiesme febvrier mil six cent soixante treize.

Ainsy signé.
Archevêque de Paris.

Le convoi se fit le mardi 21 février. Mais il semble que l'ordonnance de l'archevêque de Paris permettant « deux prestres seulement » subit une légère entorse. On lit en effet ce qui suit dans une relation contemporaine faite par M. Boyvin, prêtre, docteur en théologie à Saint-Joseph. « Quatre jours après la mort de Molière, le mardi 21 février 1673, l'on fit sur les neuf heures du soir le convoi de Jean Baptiste Poquelin Molière, tapissier, valet de chambre, illustre comédien, sans autre pompe, sinon trois ecclésiastiques : quatre prêtres ont porté le corps dans une bière de bois, couverte du poële des tapissiers, six enfants bleus portant six cierges dans six chandeliers d'argent, plusieurs laquais portant des flambeaux de cire blanche allumée. Le corps pris rue de Richelieu devant l'hôtel de Crussol a été porté au cimetière de Saint-Joseph, et entouré au pied de la croix. Il y avait grande foule de peuple et l'on a fait distribution de

mille à douze cents livres aux pauvres qui
s'y sont trouvés, à chacun cinq sols. »

Il reste donc que la sépulture ecclésiastique fut accordée à Molière; ce qui lui fut
refusé c'est tout le cérémonial extérieur qui
entoure les cérémonies funèbres. On peut le
regretter et je le regrette pour ma part.
J'estime que c'est une erreur que le clergé
de France a commise en prétendant appliquer les foudres des conciles d'Elvire et
d'Arles qui frappaient les histrions obscènes,
aux comédiens interprètes du *Cid*, d'*Esther*
d'*Athalie*, du *Misanthrope*, des *Femmes
Savantes...* et de *Tartuffe*; d'autant que ces
comédiens avaient une existence légale puisqu'ils étaient accrédités par la volonté des
princes et réglementés par les arrêts des
parlements.

Tel est aussi l'avis de M. Philippe Rambaud qui écrivait dans une revue catholique
Les Lettres (15 mai 1914). « Les prêtres
cultivés du siècle de Louis XIII ou de
Louis XIV ayant à juger leur temps c'est-à-
dire tout particulièrement ses divertissements, au lieu d'en juger par eux-mêmes,
recouraient aux juges passés ; ils éclairaient
ainsi leur parole. Ils en vinrent à se conten-

ter de traduire et d'amplifier les anathèmes
de Jean Chrysostome ou d'Augustin contre
le théâtre et les jeux... Mais si le prédicateur n'avait pas tort d'utiliser les Pères, il
négligeait vraiment trop de mettre les choses au point. Il n'est tout de même pas juste
de traiter le théâtre de Corneille, de Racine
et même de Molière comme le théâtre et les
mimes de Rome ou de Constantinople. On
devrait en tenir compte ». C'est l'évidence
même. Enfin pourquoi cette sévérité à l'égard
de Molière, pourquoi repousser son cadavre
de l'église, tandis que Jaquemin, Jadot et
Locatelly dit Trivelin furent inhumés dans
l'église même des Grands Augustins ?

Dans son ouvrage sur *la Comédie Française* Madame Dussanne écrit (p. 34) : « En
1660 les comédiens de l'Hôtel de Bourgogne
font dire une messe et un *Te Deum* à Saint-
Sauveur pour la paix et le Roi ; en 1663 ce
sont les comédiens de Molière qui font dire
chez les Capucins une neuvaine pour le Roi
malade de la rougeole ; Molière se marie à
Saint-Germain l'Auxerrois en 1662... nous
voyons même Molière communier le jour de
Pâques en 1672, à Saint-Germain l'Auxerrois. Si l'excommunication contre les comé-

diens avait été si foudroyante qu'on a bien
voulu le dire, ils auraient été tenus à l'écart
de tous les sacrements sans exception, et
l'on n'eût pas attendu l'heure de la |mort
pour les accabler ».

Il est intéressant de mettre sous les yeux
de nos lecteurs, ce que pense de l'attitude
des prêtres de Saint-Eustache, le plus élo-
quent des prédicateurs contemporains, le
chanoine Coubé. Dans un article sur la
mort de Molière, il écrivait dans *La Revue
des Objections* (15 janvier 1922) : « Les deux
ecclésiastiques qui refusèrent de se dé-
ranger pour Molière le considéraient évidemment comme un parpaillot et un excom-
munié. *Mais il est impossible de les approuver*. Tout prêtre doit accourir auprès d'un
mourant, surtout si celui-ci manifeste son
repentir et son désir de remplir ses devoirs.
Ces deux prêtres ne représentaient certainement pas l'Eglise qui réprouve une telle
dureté. Le troisième seul a agi selon son
esprit et ce n'est pas de sa faute s'il est arrivé
trop tard... (p. 19). Le curé de Saint-Eustache ne représente pas l'Eglise en l'espèce.
L'esprit miséricordieux de celle-ci se retrouve plutôt dans la conduite du curé de

Passy, François Loyseau, prêtre de l'Oratoire, qui se joignit à la veuve de Molière, Armande Grésinde Béjart, pour demander au roi d'intervenir auprès de l'autorité ecclésiastique... (p. 20) ».

De nos jours un prêtre appelé auprès de Molière mourant accourrait à son chevet, recevrait sa confession, lui demanderait son désaveu de ses fautes et lui donnerait l'absolution. Après quoi, le curé de sa paroisse lui ferait un service solennel. C'est la conduite que l'autorité ecclésiastique tient tous les jours à l'égard d'écrivains plus suspects que Molière, qui n'ont pas fait comme lui leurs Pâques dans l'année courante et n'ont pas comme lui demandé avec instance les derniers sacrements... (p. 20).

Pour résumer, l'intolérance reprochée à la religion se réduit en somme à peu de chose. Elle n'exprime pas un jugement solennel de l'Eglise, ni son esprit ni son attitude habituelle, mais seulement la rigueur de quelques ecclésiastiques qui en portent la responsabilité. (p. 21). »

Et faisant allusion au service solennel de *Requiem* projeté pour Molière — dont je parle plus loin — le chanoine Coubé concluait : « Nous ne savons, à l'heure où nous écrivons ces lignes, quelle suite sera donnée à ce projet. Il semble probable que le service solennel sera célébré, et s'il l'est à Saint-Eustache, ce sera *une réparation* piquante et instructive du refus des cérémonies religieuses de 1673. L'Eglise ne change pas ses principes, mais ses prêtres, qui ne la représentent qu'à des degrés divers, les appliquent parfois, sous l'influence des opinions courantes, avec trop ou trop peu de sévérité. Il est clair que l'attitude sage et large du cardinal Dubois représente un heureux équilibre entre les excès contraires. En tout cas, nous nous félicitons de ce qu'aucune secte ne puisse accaparer et de ce que l'Eglise bénisse la dépouille du grand écrivain qui est mort, somme toute, en bon chrétien » (p. 22).

Voilà, venant d'une telle plume, des conclusions autorisées, qui remettent les gens et les événements à leur vraie place.

1673-1922

Il est curieux de rapprocher l'attitude rigoriste du clergé *gallican* de Paris en 1673 de l'attitude bienveillante du clergé plus *catholique* de 1922.

Le 18 janvier 1922, M. Georges Le Roy, sociétaire de la Comédie-Française, adressait au cardinal archevêque de Paris la belle lettre que voici :

Eminence,

Ancien élève du petit séminaire de Saint-Nicolas du Chardonnet, aujourd'hui sociétaire de la Comédie-Française, interprète de *Polyeucte* et d'*Alceste*, j'ai l'honneur de solliciter de Votre Eminence la permission de lui exprimer un vœu qui, sans doute, est au cœur des catholiques.

Le gouvernement et le Théâtre-Français célèbrent durant ce mois, et avec un éclat singulier, le troisième centenaire de la naissance de Molière.

D'autre part, à l'instigation de la Société des auteurs dramatiques et de son président, le marquis Robert de Flers, des délégués étrangers venus du monde entier s'associent à des fêtes retentissantes d'où le génie français se dégage dans une rare apothéose.

Le souvenir des petites Sœurs des pauvres assistant Molière à ses derniers mo-
ments ne justifie-t-il point le sentiment que,
pour clore dignement ces fêtes de l'esprit et
de la vérité humaines, un grand geste est
espéré de réconciliation et de charité chrétiennes ?

Enfant de la foi et de la morale catholiques, enfant de Molière aussi, je viens, avec
une humble soumission à l'autorité de Votre
Eminence, lui exprimer le vœu qu'à la fin
de ce mois une messe solennelle de *Requiem*
soit célébrée à Notre-Dame de Paris ou à
l'église Saint-Roch pour le repos de l'âme
d'un des plus illustres enfants de Paris, victime de ceux qu'il a flétris et qui ont calom-
nié sa pensée, pour la paix éternelle de
Molière autour de qui vient se grouper ce
que le représentant de l'Etat français a dé-
nommé : la société spirituelle des nations,
et dont le génie n'a cessé pendant trois siècles d'accroître le rayonnement de sa patrie.

L'entreprise des commentateurs les plus
passionnés n'empêchera pas Molière d'avoir
parlé dans *Tartuffe* par la voix loyale de
Cléante et d'avoir dit :

C'est être libertin que d'avoir de bons yeux,
Et qui n'adore pas de vaines simagrées
N'a ni respect ni foi pour les choses sacrées.
Allez, tous vos discours ne me font point de peur
Je sais, comme je parle, et le Ciel voit mon cœur.

Pour nous, qui connaissons Molière et qui l'aimons, tout ce discours de Cléante est sa profession de foi : on ne l'effacera point. Espérant ardemment que Votre Eminence daignera examiner la requête que j'ai considérée comme un double devoir de lui faire connaître, je lui demande de vouloir bien accepter l'hommage de ma soumission et de mon très profond respect.

GEORGES LE ROY.
Sociétaire de la Comédie-Française.

M. Georges Le Roy a eu la joie de recevoir cette réponse :

Paris, le 21 janvier 1922.

Monsieur,

Monsieur le cardinal ne voit aucun inconvénient et ne met nul obstacle à ce que soit célébré le troisième centenaire de la naissance de Molière par un service solennel de *Requiem* pour le repos de son âme. Mais il ne paraît pas à Son Eminence qu'il lui appartienne d'en prendre l'initiative. Vous verrez vous-même quelle personne ou quelle association doit le faire.

Le service à Notre-Dame serait peut-être plus difficile à organiser. Il semble tout indiqué qu'il ait lieu à l'église où Molière a été baptisé (le 15 janvier 1622) à Saint-Eustache... qui est aussi l'église de la paroisse sur le territoire de laquelle il est mort.

Veuillez agréer, etc...

CH. DELABAR,
Vicaire général.

On aurait pu croire que l'initiative de M. Georges Le Roy aurait rallié toutes les sympathies. L'excellent sociétaire de la Comédie-Française avait compté sans M. Paul Souday. Le vieil anticlérical est aussitôt parti en guerre, et dans *Le Temps* du 27 janvier, a déclanché une offensive qu'il a cru foudroyante.

M. Paul Souday s'est demandé de quel

droit M. Le Roy osait demander des prières pour Molière qui était selon lui athée et anticlérical : c'est une palinodie posthume, écrivait-il, et une insulte à sa mémoire.

Molière athée : M. Couet, l'érudit bibliothécaire archiviste de la Comédie-Française a adressé au *Gaulois* du 2 février d'intéressantes précisions sur les actes religieux de Molière. Il n'est évidemment pas responsable du premier, mais les autres sont bien volontaires :

15 janvier 1622, son baptême à Saint-Eustache.

20 février 1662, son mariage à Saint-Germain l'Auxerrois.

28 février 1664, le baptême de son premier fils, Louis, à Saint-Germain l'Auxerrois ; le duc de Créquy, ambassadeur à Rome, tenant pour le Roi, et la maréchale du Plessy pour Henriette d'Angleterre.

11 novembre 1664, convoi de six prêtres pour ce même Louis, à Saint-Germain l'Auxerrois.

4 août 1665, baptême d'Esprit Madeleine, son second enfant, à Saint-Eustache.

16 octobre 1672, convoi de ce dernier enfant, à Saint-Eustache.

17 février 1673, requête de la veuve de Molière à l'archevêque de Paris.

En dépit de M. Paul Souday, Molière était donc bel et bien catholique. Quand on est athée on doit avoir — comme les croyants — le courage de ses convictions. *Quand on est athée, on ne fait pas ses Pâques,* comme nous avons vu que Molière les avait faites un an avant sa mort. Un athée qui fait ses Pâques est le plus Tartuffe des Tartuffes, c'est un abominable hypocrite.

Et voilà à quelle conclusion injurieuse aboutit M. Paul Souday. En traitant Molière d'athée c'est lui qui l'insulte en le traitant d'hypocrite.

Eh bien nous le défendons contre lui; nous savons bien que Molière n'était pas un « dévot »; c'était un esprit libre, mais un esprit libre dans la communauté catholique. Et c'est nous qui sommes restés fidèles à sa mémoire en nous associant au geste touchant de M. Georges Le Roy.

La Lettre sur les Spectacles du Père Caffaro et « Les Maximes sur la Comédie » de Bossuet.

Tout le monde connaît *Les Maximes sur la Comédie* de Bossuet ; on connaît moins la lettre du Père Caffaro qui en fut la cause — et encore moins le Père Caffaro lui-même.

Ce bon Père était un modeste théâtin qui n'était guère connu en dehors du petit couvent où il enseignait la philosophie et la théologie.

Il avait pour collègue, le Père Boursault, dont le père était un auteur dramatique assez médiocre mais dont les œuvres n'offensèrent jamais la décence et la morale. M. Boursault fit sans doute la meilleure impression sur le Père Caffaro, et c'est peut-être cette relation qui lui donna l'idée d'écrire sa lettre sur les spectacles, dans laquelle il défendait la comédie, les auteurs et les comédiens. Oui, en plein XVIIe siècle, au moment où certains brandissaient contre eux les foudres des anciens conciles, le Père Caffaro a écrit une admirable défense de la profession de comédien ; je n'ai pu lire sa lettre sans émotion. Mes lecteurs la trouveront presque entièrement dans l'appendice documentaire de cet ouvrage. Cette lettre fait contraste avec le traité du janséniste Nicole qui vouait aux flammes éternelles les amateurs de comédie. Sans doute notre défenseur préférait-il la doctrine plus libérale de Saint François de Sales.

« L'opuscule du Père Caffaro fit un petit scandale, «écrit M. l'abbé Henri Bremond[1]», Bossuet le lut, prit feu, et écrivit d'abord à l'auteur une lettre personnelle et foudroyante. Caffaro n'était pas homme à tenir tête à un si redoutable adversaire. Il se fit petit, demanda pardon et rétracta tout ce qu'on voulut. Le Père Caffaro rédigea sur l'heure deux soumissions, l'une pour Bossuet, l'autre pour l'archevêque de Paris, ce qui n'empêcha pas Bossuet de revenir à la charge et d'écrire ses *Maximes et Réflexions sur la Comédie.* »

« Ces admirables et dures Maximes », comme dit M. Lanson, constituent un véritable réquisitoire contre le théâtre. Mais une

---

1. *Bossuet évêque de Meaux.* Tome III, Chapitre X, (Bossuet et le Théâtre) par M. l'abbé Henri Brémond.

remarque s'impose. Pourquoi Bossuet a-t-il oublié de s'expliquer sur une réflexion du Père Caffaro qui a son importance. « Tous les jours, à la cour, les évêques, les cardinaux et les nonces du pape ne font point de difficultés d'assister à la comédie, et il n'y aurait pas moins d'imprudence que de folie de conclure que tous ces grands prélats sont des impies et des libertins puisqu'ils autorisent le crime par leur présence ». Ce trait s'adressait directement à Bossuet qui ne se faisait pas scrupule d'assister à la comédie.

Oui, vraiment il est bien regrettable que Bossuet n'ait point répondu à cela...

Mais que faut-il penser — au point de vue catholique — de la doctrine de Bossuet sur les spectacles ?

Voici ce qu'en pense M. l'abbé Henri Bremond qui est un des plus puissants cerveaux littéraires de notre temps. « Quant à la doctrine des *Maximes et Réflexions*, il n'est pas tout à fait exact comme l'a dit un docte et zélé chanoine M. Réaume, que tout le monde convienne que cette doctrine est d'une *sévérité outrée :* sauf quelques revenants du jansénisme, *tout le monde pense bien ainsi*, mais plusieurs se garderaient de le dire... La mo-

rale de Saint François de Sales n'est pas
plus relâchée que celle de Bossuet mais elle
nous paraît tout à la fois et plus évangélique
et plus humaine. C'est du moins l'opinion,
plus qu'orthodoxe, de ceux qui préfèrent à
la sévérité de Jansénius et de Bossuet, la
sagesse moins rigoureuse du saint évêque
qui ne s'est pas reconnu le droit d'anathé-
matiser les sauteries innocentes et de Saint
Thomas qui dans son rude latin a une parole
de tendresse indulgente pour les « jongleurs
et les histrions ». Dans sa conférence sur la
Modestie et les Spectacles, à Notre-Dame,
le Père Janvier condamne la sévérité de Bossuet en disant : « Certes, je ne m'approprie-
rai pas tous les anathèmes d'un Tertullien
ou même d'un Bossuet ».

Voici maintenant l'opinion du chanoine
Coubé *(Revue des objections* 15 Janvier.
1922). « Bossuet fut un des plus ardents à
critiquer le théâtin. Bossuet, on le sait, était
rigoriste à peu près en tout. Ici, il l'est,
croyons-nous un peu trop. Pour nous, il nous
semble que le bon P. Caffaro a exagéré en
donnant une absolution en bloc à tout le
théâtre de son temps, mais que *Bossuet a
exagéré* lui aussi en sens contraire ».

Nul ne contestera l'orthodoxie d'une revue comme *Le Mois Littéraire et Pittoresque* éditée par la Bonne Presse. Or, dans le numéro de juin 1906 de cette revue, dans un article littéraire sur les théâtres populaires, M. Pierre Clésio, écrivait: « Je voudrais voir là un indice que les catholiques songent à ne plus se désintéresser comme ils le font depuis trois siècles, de cette force sociale que peut être le théâtre. *Bossuet le condamnait sans recours* avec une belle puissance d'anathème. Richelieu, qui était un homme de gouvernement et qui n'avait pas subi l'ascendant de la tristesse janséniste, *n'était-il pas mieux inspiré en essayant d'organiser et de régler l'art dramatique?* C'est au nom de principes identiques que j'ai entendu fulminer contre toute tentative de roman comme de théâtre chrétien. Cependant les catholiques s'abstiennent-ils pour cela de lire des romans ou d'aller au théâtre ? Non. Mais si quelques écrivains d'imagination s'inspirent du christianisme, le théâtre tout entier est tombé aux mains de gens ou qui le combattent ou qui le considèrent comme non avenu. Que l'on m'entende, je ne demande pas un théâtre confessionnel, je voudrais qu'un écrivain catholique pût trouver une scène où il lui fût permis parfois de renouveler la tentative de Rostand écrivant *la Samaritaine*. Je voudrais que dans les questions modernes qui touchent au grave problème de la vie des sociétés ou des individus, mariage et divorce en particulier, le public pût parfois entendre autre chose que la solution socialiste ou antichrétienne ».

Mais voici une réponse encore plus directe. Dans *le Figaro* du 14 Juillet 1914, M. Paul Claudel, écrivait un très bel article intitulé « D'un théâtre catholique », et après avoir discuté certaines objections que quelques critiques lui avaient adressées à propos de sa dernière pièce, M. Paul Claudel abordait précisément le sujet qui nous occupe. Ecoutons-le. « Ce litige vidé, il en reste un autre qui m'a beaucoup tourmenté jadis et dont il me semble que c'est le lieu de dire ici quelques mots, je veux parler du vieux débat sur les rapports possibles de la religion catholique et du théâtre. L'attitude communément attribuée à l'autorité ecclésiastique sur cette question est celle dont on voit les raisons d'ailleurs fortes dans la fameuse et admirable lettre de Bossuet au P. Caffaro. Oserai-je dire cependant que malgré les textes imposants sur lesquels l'évêque de Meaux appuie son opinion j'y vois une manifestation particulière de cet esprit défensif de retranchement et de retrait qui fut celui de notre gallicanisme ? L'idée vraiment catholique c'est-à-dire universelle c'est que l'homme tel qu'il est sorti des mains de son auteur est bon (la Genèse dit même très bon), qu'aucune de ses facultés et pas plus l'imagination et la sensibilité que les autres, n'est en elle-même mauvaise. Ce qui est mauvais, c'est le trouble et le dérèglement, qui, à la suite du péché originel, se sont introduits dans ces mêmes facultés...

L'esprit de l'Eglise n'est pas un esprit de défensive, c'est un esprit de conquête. Rien de ce qui est humain ne lui est étranger, pas plus l'art que le reste, et pas plus l'art dramatique que les autres. Elle est venue, suivant la devise du grand pape qui nous gouverne pour « instaure omnia in Christo ». Non pas pour rien détruire (que le mal) mais pour tout porter à son dernier point de perfection. Que la pratique et je dirai la police d'un art comme celui du théâtre, qui vit en partie de la peinture des passions, soit d'ail-

leurs difficile, je ne le conteste pas. » Ceci
dit, il faut reconnaître que Bossuet a fait
preuve d'une admirable et puissante dialec-
tique dans ses *Maximes* Je crois inutile
de les analyser ici, elles sont dans toutes les
éditions des œuvres de Bossuet, et certainement la plupart de mes lecteurs connaissent
les Maximes aussi bien que moi. On me
permettra cependant d'en dégager un détail
qui a son importance et qui montrera ce que
pouvaient avoir d'exagéré les anathèmes de
l'Aigle de Meaux. Au paragraphe IV des
Maximes, on peut lire ce qui suit : « Vous
dites que ces représentations des passions
agréables et les paroles des passions dont on
se sert dans la comédie ne les excitent qu'in-
directement, par hasard et par accident,
comme vous parlez, et que ce n'est pas leur
nature de les exciter, mais au contraire, il
n'y a rien de plus direct, de plus naturel à
ces pièces, que ce qui fait le dessein formel
de ceux qui les composent, de ceux qui les
récitent et de ceux qui les écoutent. Dites-
moi, que veut un Corneille dans ce Cid, sinon
qu'on aime Chimène, qu'on l'adore avec Ro-
drigue, qu'on tremble avec lui lorsqu'il est
dans la crainte de la perdre et qu'avec lui

on s'estime heureux lorsqu'il espère de la posséder. »

Donc, très visiblement, Bossuet condamne *le Cid* ! Que les temps sont changés ! Il existe à Paris, un théâtre, fondé sous les auspices de « la Bonne Presse », dirigé par un prêtre, et à qui tous les organes de « la Bonne Presse », *la Croix* en tête, accordent la plus large publicité et prodiguent leurs encouragements.

« Le Bon Théâtre », tel est son nom, a donné pendant la saison 1913-1914 une série de représentations du « *Cid* ».

Je laisse à mes lecteurs le soin de conclure.

Fénelon.

Fénelon, moins sévère que Bossuet, n'en malmena pas moins le théâtre dans sa « Lettre à l'Académie » publiée en 1714. Les chapitres VI et VII sont en effet consacrés à un « Projet d'un traité sur la Tragédie » et à un « Projet d'un traité sur la Comédie ». « Pour la tragédie, écrit Fénelon, je dois commencer en déclarant que je ne souhaite point qu'on perfectionne les spectacles où l'on ne représente les passions corrompues que pour les allumer. Nous avons vu que Platon et les sages législateurs du paganisme rejetaient loin de toute république bien policée les fables et les instruments de musique qui pouvaient amollir une nation par le goût de la volupté. Quelle devrait donc être la sévérité des nations chrétiennes contre les spectacles contagieux ! »

Dans son « Projet d'un traité sur la Comédie, » après avoir avoué que Molière est un grand poète comique, il ajoute : « Un autre défaut de Molière, que beaucoup de gens d'esprit lui pardonnent, et que je n'ai garde de lui pardonner, est qu'il a donné un tour gracieux au vice, avec une austérité ridicule et odieuse à la vertu. Je comprends que ses défenseurs ne manqueront pas de dire qu'il a traité avec honneur la vraie probité, qu'il n'a attaqué qu'une vertu chagrine et qu'une hypocrisie détestable ; mais sans entrer dans cette longue discussion, je soutiens que Platon et les autres législateurs de l'antiquité païenne n'auraient jamais admis dans leurs républiques un tel jeu sur les mœurs ».

Je le crois bien, mais est-ce là un argument
bien sérieux? Car enfin, si ces « sages législateurs » interdisaient la musique afin de ne
pas corrompre les mœurs; à côté de cet excès de zèle ne montraient-ils pas une grande
indulgence en ce qui concerne des causes
d'immoralité beaucoup plus graves?

Vers 1720, le censeur d'alors était un abbé
bon vivant, l'abbé Cherrier, auteur d'un livre au titre suggestif et de l'Almanach de la
Table, dans lequel les réclames jouaient un
rôle très lucratif. Déjà! L'abbé Cherrier, il
faut l'avouer, représentait assez mal l'Eglise.
Sa censure fut toute bienveillante. En 1725,
une pièce de Piron, la *Rose*, lui fut soumise.
Il n'osa pas l'interdire. « Le nom et le titre
de la Rose, «écrivait-il,» ne jette aucune idée
sale par lui-même. On dit tous les jours, dans
le commerce du beau monde, cueillir la rose,
quand on parle d'un galant qui a saisi les
premières faveurs d'une jeune personne.
Ainsi on ne peut attaquer le titre ». Le lieutenant de police, mécontent du rapport de
l'abbé Cherrier, fit examiner la pièce par un

autre ecclésiastique, l'abbé Raguet, qui ne la trouva pas jouable. Monseigneur de Beaumont fut longtemps sur la brèche et soutint contre le théâtre une lutte de tous les instants. Dans l'ardeur de la bataille, il commit même quelques excès de zèle. C'est ainsi qu'il punit avec éclat le curé de Saint-Séverin, qui avait dit au nom et en présence des comédiens français une messe pour la mémoire de Crébillon qui pendant vingt-sept ans comme censeur dramatique avait somme toute passé la moitié de sa vie à défendre les principes religieux. Monseigneur de Beaumont interdit encore *la Mort de Socrate* de Sauvigny, *Lothaire et Volfrade* de Gudin. Rome elle-même s'émut de ce dernier ouvrage, lança ses foudres contre cette tragédie et la condamna au feu. Quand *Ericie ou la Vestale* de Fontanelle eut été présentée à la police, le censeur Marin n'osa se prononcer et en référa à l'archevêque qui nomma une commission de curés et de docteurs en Sorbonne qu'il chargea d'examiner la pièce. Sur leur rapport *Ericie* fut interdite.

Un opéra-comique de Favart, *les Moissonneurs*, pièce assez inoffensive, souleva cependant une tempête, car l'archevêque, mécontent de voir sur la scène un sujet emprunté à la Bible, voulut faire interdire *les Moissonneurs*, mais en vain. Il obtint toutefois la suppression de la vente de la pièce. Marin se récusa encore pour juger *les Druides* de Leblanc, et Monseigneur de Beaumont chargea l'abbé Bergier, docteur en Sorbonne, d'examiner le manuscrit. L'abbé faisait des difficultés pour autoriser. Mais M. de Trudaine, protecteur de Leblanc, lui arracha l'approbation. La pièce, bien que mauvaise, obtint, grâce aux allusions, un succès assez grand pour que le clergé s'en inquiétât. Le cardinal archevêque de Reims, Monseigneur de la Roche Aymon, porta plainte au roi. Selon l'habitude, on s'en prit au censeur. L'abbé Bergier s'excusa, soutenant que la pièce n'avait pas été jouée telle qu'elle était sortie de ses mains. Au miiieu de ces débats, la clôture de Pâques arriva, *Les Druides* furent annoncés pour la rentrée ; mais Monseigneur de la Roche Aymon l'emporta et le jour même de la réouverture, l'ordre de ne pas jouer arriva au théâtre.

Dans son *Histoire et abrégé des ouvrages italiens et français pour et contre la comédie et l'opéra* (Orléans 1697), Lalouette cite un

Bref du pape Innocent XII auquel on peut ajouter ceux des Papes Clément XI, Benoit XIV et Clément XIII qui sont autant de décisions contre les spectacles publics.

En 1672, M. Voisin, prêtre, docteur en théologie, publie une Défense du Traité de M. le prince de Conti sur la comédie et les spectacles.

Dans les Sermons du Père Soanen (Paris, Deffaint) dont l'éloquence fut appréciée de Louis XIV, on peut lire un sermon contre les Théâtres qui fut prêché à la Cour en 1686 et en 1688.

Dans la « Réfutation d'un écrit favorisant la Comédie », publié en 1684 par le P. de la Grange, chanoine régulier de Saint Victor, on lit cette épitaphe : « Donare res suas histrionibus, vitium est immane ; donner son bien aux comédiens, c'est un vice énorme ».

En 1694, le P. Le Brun, de l'Oratoire, publie également un Discours contre la Comédie.

Le 4 Décembre 1695, M. Guy de Sève de Rochechouart, évêque d'Arras, publie un « Mandement » contre la comédie.

Le même évêque signe le 25 septembre

1689, un autre « Mandement » au sujet des Tragédies qui se représentent dans les collèges.

Le 5 Mars 1702, M. de Chalucet, archevêque de Toulouse, signe à son tour un « Mandement » contre les spectacles. Il y est ordonné aux confesseurs sous peine de suspens de refuser l'absolution aux fidèles qui, au mépris de son mandement, auront assisté aux spectacles.

Fléchier lui-même, comme évêque de Nîmes, lança un « Mandement » contre les spectacles, le 8 Septembre 1708. « Nous voyons avec douleur, écrit-il, l'affection et l'empressement que vous avez pour les spectacles que nous avons si souvent déclarés pernicieux aux bonnes mœurs et féconds en mauvais exemples ».

En novembre 1754, le chapitre d'Auxerre publie également un « Mandement » contre la Comédie.

En 1768, l'abbé Gros de Befplas publie *Des causes du bonheur public*, livre dans lequel il consacre un chapitre sur le danger des théâtres et la nécessité de les réformer.

Molière ne fut pas le seul comédien à qui

fut refusé le cérémonial extérieur des sépul-
tures religieuses. Le comédien Rosimond,
étant mort en 1691, fut enterré sans clergé,
sans luminaire et sans aucune prière dans un
endroit du cimetière de Saint-Sulpice où l'on
enterrait les enfants morts sans baptême.

Floridor, étant atteint d'une maladie dangereuse, l'abbé Marlin, curé de Saint-Eustache, ne lui administra les derniers sacrements qu'après qu'il eut promis de ne plus
remonter sur le théâtre s'il recouvrait la santé.
Floridor guérit et renonça à sa profession.

En 1730, on refusa les prières des morts
à Mademoiselle Lecouvreur. Sous le Premier
Empire, une amélioration intervint; certains
membres du clergé continuèrent à user de
rigueur envers les comédiens, mais ils firent
exception. C'est ainsi que les portes de Saint-
Roch se fermèrent devant le corps d'une danseuse, Mademoiselle Chameroy. Mais un
desservant des Filles Saint-Thomas, consentit à bénir les restes de la pauvre morte. On
pouvait lire le lendemain dans *le Moniteur*
l'article que voici. « Le curé de Saint-Roch,
dans un mouvement de déraison, a refusé de
prier pour Mademoiselle Chameroy et de

l'admettre dans l'église. L'archevêque de Paris a ordonné trois mois de retraite au curé de Saint-Roch afin qu'il puisse se souvenir que Jésus-Christ commande de prier même pour ses ennemis, et que, rappelé à ses devoirs par la méditation, il apprenne que toutes ces pratiques superstitieuses, conservées par quelques rituels et qui dégradaient la religion par leur niaiserie, ont été proscrites par le Concordat et par la loi du 18 germinal ». Sous Louis XVIII, le dernier scandale éclata encore à Saint-Roch où le curé refusa de recevoir le corps de Mademoiselle Raucourt, de la Comédie Française. Mais le peuple enfonça les portes de l'église et ne fut calmé que par l'arrivée d'un aumônier du roi, envoyé par ce dernier pour procéder aux funérailles religieuses.

Il y a de longues années que la lutte de l'Eglise contre le théâtre semble s'être apaisée. Si les évêques n'interdisent plus aux fidèles d'assister aux représentations théâtrales, la défense en est toujours faite aux ecclésiastiques. Dans les statuts synodaux de l'archevêché de Paris (1902) au chapitre IV qui traite du prêtre dans ses rapports avec le monde, on peut lire à l'article 224. « Nous défendons, sous peine de suspense, à tous les prêtres et ecclésiastiques dans les ordres sacrés, d'assister aux représentations des théâtres publics, opéras, bals, cafés-concerts, et en général aux spectacles profanes où la présence d'un ecclésiastique pourrait devenir un sujet de scandale. Nous signalons comme peu conforme à la dignité et à la modestie cléricales la présence des ecclésiastiques dans les cirques, concerts publics, fêtes foraines. Les ecclésiastiques étrangers à notre Diocèse et autorisés par nous à y célébrer la sainte messe, sont assujettis aux mêmes obligations sous les mêmes peines pendant tout le temps de leur séjour à Paris. »

La dernière manifestation de l'Eglise contre le Théâtre est un discours que le conférencier de Notre-Dame, le P. Janvier, a prononcé dans l'église métropolitaine pendant le Carême 1922 sur « la modestie chrétienne et l'amour des spectacles. » Voici en quels termes, avec quelle austère éloquence, l'éminent dominicain stigmatise le théâtre contemporain.

« Mais le mal devient d'une profondeur et d'une étendue qu'il est impossible de mesurer à une époque où les spectacles sont, à part de rares exceptions, nettement immoraux. Ne parlons pas de ces théâtres, nombreux pourtant, qui sont de véritables lupanars. Là, aucune retenue n'existe, toute convention est mise de côté, toute pudeur méprisée. On ne s'y occupe que de flatter de bas instincts, que d'offrir une pâture à de viles passions, que de remplir les oreilles de mots honteux, les yeux, l'esprit et le cœur d'objets obscènes. Platon demandait qu'on chassât de la république les poètes après les avoir couronnés. Bossuet, Pascal, Bourdaloue se prononçaient contre la scène du xviie siècle, Racine lui-même était forcé par sa conscience de renoncer à la tragédie ; que diraient ces grands hommes de ces maisons dont la seule existence est un défi aux vérités les plus fondamentales et à la morale la plus élémentaire !

Les autres théâtres sont généralement dangereux et malfaisants. Dangereux parce qu'on y fait constamment, soit d'une façon indirecte, l'apologie de l'amour coupable, des passions sensuelles, sinon de la débauche, et de l'impiété, parce qu'on y décrit la tenta-

tion avec des attraits irrésistibles, le mal sous
des couleurs séduisantes, parce qu'on y
excuse le divorce et l'adultère en les considé-
rant comme la suite fatale de situations où
l'on accumule à plaisir les difficultés. Dangereux par les rôles qu'on y fait jouer. Le
prêtre, en effet, y paraît ou ambitieux et in-
téressé, ou sceptique et mondain, ou intri-
gant et vaniteux, ou fanatique et intraitable.
L'épouse honnête y est trop souvent mala-
droite, niaise, désagréable, sotte, irritante ;
elle sème autour d'elle l'ennui, tandis qu'une
rivale légère est habile, aimable, intelligente.
Le mari fidèle y est aveugle, sa clairvoyance
est nulle, sa volonté faible, sa crédulité sans
borne, tandis que l'homme dévoyé fait preuve
en toute occasion de perspicacité, de ténacité
et sauve mieux les intérêts de sa passion que
le premier ne défend l'honneur de son nom
et de son foyer... Ajoutez encore à cela tout
l'appareil théâtral, l'inconvenance des décors,
des toilettes, des plaisanteries, des allusions,
des mots à double sens ; ajoutez l'ivresse
produite par la profusion des lumières, par
les notes vibrantes d'une musique affolée,
par le bruit des applaudissements frénétiques
et vous serez contraints d'avouer qu'en ces

lieux de réjouissances on respire, la plupart du temps, un air empoisonné. D'ailleurs à quoi bon m'attarder en de plus longues considérations, en de plus longs raisonnements, les faits ne confirment-ils pas, ne justifient-ils pas quotidiennement l'enseignement chrétien ? Des catastrophes sans nombre sont la suite des spectacles que, pour un motif ou pour un autre, l'Evangile condamne. Au théâtre, une foule d'âmes trouvent l'occasion prochaine de mal faire et succombent. Ne le savez-vous pas mieux que moi ? A chaque instant, un mari, une femme, honnêtes et scrupuleusement attachés pendant de longues années aux devoirs de leur état, sortent du théâtre à jamais pervertis. »

Ne croirait-on pas lire les *Maximes sur la Comédie* de Bossuet ?

Mais il est bon de faire observer que le Père Janvier reconnaît que parmi nos contemporains plusieurs réagissent contre ces mœurs et que dans leurs œuvres ils sont les avocats du vrai et du bien. Et j'ai eu plaisir à l'entendre dire : « L'acteur honnête a sa place dans une société bien ordonnée. »

En résumé, en dépit d'intransigeances regrettables et d'interprétations abusives et anachroniques, l'Eglise ne condamne pas le Théâtre en lui-même, elle n'en condamne que les excès et l'immoralité. Personne ne peut songer à le lui reprocher. Non seulement elle est dans son droit, mais elle accomplit son devoir, en se posant inlassablement comme la gardienne de la morale.

CHAPITRE III

LE THÉATRE CHRÉTIEN

Le théâtre chrétien s'identifie avec la naissance du théâtre français ; nous avons vu, en effet, que c'est l'Eglise qui a pris dans ses bras le théâtre antique, qui l'a transformé, purifié, pour ainsi dire baptisé et qui l'a installé dans le sanctuaire.

De plus, depuis le moyen-âge, des auteurs dramatiques puisèrent toujours dans l'ancien et le nouveau Testament, dans l'histoire de l'Eglise et y découvrirent de nombreux sujets.

Innombrables furent les tragédies latines et sacrées, composées par les Jésuites qui les faisaient jouer dans leurs collèges et par leurs élèves, principalement aux distributions de prix.

Mais comment parler de théâtre catholique sans nommer les trois immortels chefs-d'œuvre *Polyeucte, Esther, Athalie* qui se placent au pinacle de l'art dramatique français ?

Depuis leur création ces trois chefs-d'œuvres n'ont cessé de briller sur les scènes de la Comédie Française et de l'Odéon.

Dans l'*Almanach Catholique Français* de 1922 [1], M. Jean Monval a écrit un article très documenté sur « Les Représentations de Pièces Chrétiennes à la Comédie-Française. » J'en extrais ce qui suit : « Nous pourrions parler des autres pièces sacrées qui ont été représentées depuis deux siècles sur la scène de la Comédie-Française, des tragédies de l'Abbé Nadal par exemple : *Antiochus ou les Macchabées, Hérode, Marianne, Saül ;* de celles de Duché, *Jonathas, Absalon.* Nous pourrions citer *Joseph*, de l'abbé Genest ; *Judith*, de l'abbé Boyer ; *Les Macchabées* de La Motte ; ou plus récemment *La Mort d'Abel*, de G. Legouvé ; *Omasis ou Jo-*

---

1. *Almanach Catholique Français.* Chez Bloud et Gay 3, rue Garancière, Paris (6e).

seph en Egypte, de Baour-Lormian ; *Les Macchabées*, de madame de Girardin, etc. Mais à quoi bon évoquer ces pièces oubliées ? Il nous suffit d'avoir montré sur la cimaise les grands chefs-d'œuvres authentiques *Polyeucte*, *Athalie*. Les deux sommets de l'art dramatique français qui sont en même temps deux chefs-d'œuvres de l'art chrétien ».

De divers côtés, on tente depuis quelques années une renaissance du théâtre chrétien. Il faut bien avouer que les résultats n'ont pas été à la hauteur des efforts.

Déjà en 1902, Mgr Jouin, curé de Saint-Augustin à Paris, faisait représenter au « Nouveau Théâtre » *La Passion*, mystère en 19 tableaux. L'essai était intéressant ; rompant avec le théâtre de patronage, ne s'adressant qu'à un public restreint, Mgr Jouin fit représenter son œuvre sur une scène par des acteurs professionnels.

Malheureusement la tentative ne fut pas renouvelée.

En 1907, un prêtre lyonnais, M. l'abbé J. Blanchon, voulut fonder un théâtre chrétien dans sa ville. Le félicitant de son projet, *La Semaine Religieuse* de Paris (mai 1907) disait : « De plus en plus il apparaît que le

meilleur moyen d'attirer la jeunesse et de la
moraliser, se trouve dans cette forme de divertissement et d'enseignement. Nous sommes heureux de voir que l'idée de notre con-
frère est goûtée par l'élite des dirigeants
catholiques.

L'un deux, M. l'abbé Coubé, vient de le féliciter pour avoir mis en avant cette œuvre
« pratique et nécessaire » du théâtre chrétien. M. l'abbé Coubé rappelle d'ailleurs qu'il
a donné lui-même des conférences en faveur
de quelques pièces dramatiques récemment
composées par de jeunes auteurs chrétiens.
D'après les titres des pièces énumérées par
M. l'abbé Coubé, il semble que ces produc-
tions théâtrales soient plutôt des drames sociaux, des pièces à thèse, des tragédies où
apparaissent les saints et les pieux personnages de l'histoire de l'Eglise, des drames his-
toriques de l'époque française au moyen-
âge. »

Malgré ces approbations et ces encouragements, il ne semble pas que le théâtre
chrétien de l'abbé Blanchon, ait laissé une
trace profonde dans la vie dramatique lyon-
naise.

A Paris, en 1909, sous le patronage de la

Bonne Presse se fonda *Le Théâtre Chrétien,*
au quai de Passy. Il est devenu *Le Bon Théâ-*
tre; il fonctionne toujours sous la direction
d'un prêtre, M. l'abbé Honoré. Mais son
éloignement du centre de Paris, ne lui permet que de donner des matinées le jeudi et le
dimanche et sa clientèle n'est guère consti-
tuée que de la jeunesse des patronages et
d'âmes pieuses qui sans doute n'oseraient se
fourvoyer dans les théâtres boulevardiers.

Au reste, *le Bon Théâtre* — et c'est regrettable — ne se soucie pas de créer ou d'encou-
rager un mouvement dramatique, ni de se
mettre à la recherche d'une nouvelle formule.
Il lui suffit, quand il veut élever les âmes de
jouer *La Fille de Roland;* pour les divertir,
il leur sert *La Cagnotte.* J'oserais dire à ce
compte que je préfère voir jouer *La Fille de*
Roland à la Comédie-Française et *La Ca-*
gnotte... au Palais Royal. Il semble que *Le*
Bon Théâtre resterait mieux dans son rôle
en se cantonnant dans la mise à la scène de
tragédies sacrées comme *De Béthanie au*
Calvaire qu'il joue avec succès et en mettant
à son répertoire les pièces de M. Henri Ghéon
dont je parlerai plus loin.

Il me faut aussi signaler: *Le Théâtre*

Chrétien que fonda M. l'abbé Galy et qui donna ses représentations dans la salle de l'Athénée Saint-Germain, devenue aujourd'hui le très artistique Théâtre du Vieux Colombier, noblement dirigé par Jacques Copeau.

Le Théâtre François Coppée que dirigea mademoiselle Jeanne Paul Ferrier.

Le Théâtre Idéaliste, dont la devise était : « Pour les Idées contre l'argent » et qui emporté par son idéal avait peut-être oublié que dans notre siècle ploutocratique, l'argent est nécessaire pour répandre les idées.

La Ghilde des Forgerons, théâtre d'action d'art qui avait pour but : « Réagir contre l'invasion du music-hall et du *cinéma*. » Le music-hall et le cinéma ne sont point morts, mais la Ghilde des Forgerons n'existe plus.

En 1917, M. Emile Rochard, ancien directeur du Châtelet et de l'Ambigu, eut la louable ambition de mettre l'Evangile en Drame. Il a voulu donner la vie de Jésus en quatre pièces : *Le Berceau de Jésus, La Vie Publique de Jésus, La Passion, La Résurrection*. Les deux premières représentations de *La Passion* furent données dans la salle des œuvres de l'évêché de Nice, sous la présidence de l'éminent évêque Mgr Chapon, et au théâtre du Cercle Nautique de Cannes sous le haut patronage de S. A. R. la duchesse de Vendôme.

Mgr Chapon écrivit une très belle Lettre Préface pour l'œuvre de M. Emile Rochard. En voici un extrait : « Cette œuvre d'apostolat est nouvelle ; nous n'avions pas encore le Théâtre de l'Evangile. L'idée avait de quoi tenter, mais davantage encore décourager le talent. Nous avions bien des essais, surtout des Passions et Nativités, mais elles laissent à désirer. Si elles sont l'œuvre de prêtres zélés, elles manquent de métier ; si elles sont l'œuvre de dramaturges, elles manquent d'exactitude. Et jamais encore, à ma connaissance, on n'avait tenté de mettre en drame La Vie Publique et la Résurrection de Jésus. Mais cette œuvre nouvelle renoue la tradition la plus ancienne.

Théâtre de l'Evangile ? Au premier abord, le titre générique surprend. Les deux mots n'ont plus coutume de marcher ensemble. Théâtre et Evangile ne suivent guère depuis longtemps les mêmes chemins. Et quand d'aventure ils se rencontrent, il faut malheureusement constater qu'ils marchent en sens inverse et que le théâtre descend la pente du naturalisme que l'Evangile remonte. Il n'en fut pas toujours ainsi. Le théâtre a longtemps servi l'Evangile. On peut même affirmer que, chez nous, les premières salles de spectacles furent les églises, les premières scènes le chœur lui-même, les premiers acteurs les prêtres et les clercs. C'est l'histoire des « mystères » dont le succès et le crédit se perpétuèrent si longtemps. Et voici que grâce à vous, le théâtre va se mettre de nouveau au service de l'Evangile. Nous aurons, dans de véritables pièces de théâtre, aussi véridique que vraisemblable, l'Evangile évoqué fidèlement, l'Evangile vivant de lui-même, sans intermède d'un goût douteux, sans autres artifices scéniques que ceux qu'inspire logiquement le sublime sujet. Vous étiez destiné, cher Monsieur, à accomplir cette œuvre providentiellement opportune. Que manquait-il jusqu'ici, à ceux qui la tentèrent ? Aux hommes de foi, le métier ; aux hommes de métier, la foi. Foi et métier s'associent chez vous dans une collaboration harmonieuse et intime. »

Le Berceau de Jésus se joua avec succès au

« Bon Théâtre », qui trouva là sa véritable voie de théâtre d'apostolat.

Une des plus intéressantes tentatives de renaissance du Théâtre Chrétien fut la fondation en mars 1919, de la Ghilde Dramatique de l'Œuvre Saint-Luc. Son fondateur fut M. Emmanuel Faure et son directeur littéraire, M. Alfred Poizat, l'auteur applaudi d'*Electre* et de *Circé*, deux pièces jouées à la Comédie Française.

A la séance d'ouverture de la Ghilde, le 1er mars 1919, M. Alfred Poizat prononça un discours programme d'une importance telle que je crois utile d'en extraire les passages les plus saillants : « Mesdames, Messieurs : L'Œuvre Saint Luc se propose d'appliquer aux arts la formule du saint pape Pie X, instaurer toutes choses dans le Christ. Elle est donc un Institut d'art religieux, un groupement d'artistes, que l'amour du Christ et le souci de son règne dans les âmes ont réunis. Aimer le Christ, le faire aimer; discipliner, organiser dans cet amour, des cœurs, des esprits, des volontés, former en un mot, une élite vraiment chrétienne, tel est le but de l'Œuvre, qui se présente à vous.

Que la formule puisse paraître aujourd'hui singulière et hardie à des catholiques, rien ne prouve mieux combien nous nous sommes éloignés de la conception de nos pères, qui l'eussent trouvée toute naturelle, rien ne prouve mieux combien l'ivraie s'est mêlée à la moisson.

Ce qu'entreprend l'Œuvre Saint Luc, c'est un apostolat évangélique par les arts.

Elle veut un art inspiré, vivifié directement et uniquement par le sentiment chrétien le plus haut et le plus pur...

Le vrai, le beau et le bien, sont au fond une seule et même chose. Rien n'est beau que le vrai, a dit Boileau ; rien n'est bien que le vrai, peut-on ajouter et réciproquement. La beauté c'est le visage de la vérité, dont l'âme est la bonté. Une religion qui ne serait pas belle, qui ne produirait pas naturellement de la beauté, qui n'embellirait pas tout ce qu'elle touche, ne serait pas vraie. Un catholicisme sans artistes, sans penseurs, sans poètes, serait un catholicisme en décadence, un catholicisme en léthargie, un catholicisme décapité.

Si nous en sommes descendus là, si le catholicisme ne manifeste plus sa vitalité dans l'ordre de la pensée, s'il n'impose plus son génie dans les arts et la poésie, si les catholiques en sont réduits, pour satisfaire à leurs besoins de civilisés, à aller s'abreuver à des sources suspectes ou impures, c'est que vraiment le catholicisme s'éteindrait dans les âmes, c'est qu'il n'y aurait plus de foi chez les nations contemporaines et en France, en particulier...

Ces dernières années, le catholicisme a été un peu à la mode, vous entendez bien, à la mode ! Cela se portait comme les jupes courtes, les bas ajourés et les hautes bottes. Et dans les salons catholiques, on se piquait de déchiffrer certains écrivains catholiques, de les admirer et de s'y plaire, parce qu'ils étaient lancés par les salons de gauche, Mais d'où était venue cette faveur subite des salons de gauche, voilà ce qu'on ne se demandait pas. Eh bien ! cela tenait, soyez-en bien assurés, à ce qu'on retrouvait chez ces poètes catholiques, de grand talent, il faut le reconnaître, des éléments dissolvants et qu'on pensait que leur succès aiderait à détruire quelque chose de la vieille France et contribuerait à la perturbation rêvée. Nos adversaires nous permettaient de les admirer, à cause de leurs étrangetés, de leurs

singularités, de leur affectation de bizarrerie
et parfois d'une certaine recherche puérile,
dans lesquelles ils espéraient bien que ce
qui nous restait de bon sens traditionnel et
de vigueur intellectuelle finirait par s'em-
brouiller et se perdre. Est-ce avec ces armes
faussées et damasquinées, avec tout cet
attirail de syntaxe compliquée et byzantine,
que nous pouvons aller à la bataille ? Nous
armer ainsi, c'est nous désarmer. Et pendant que nous sommes occupés à démaillo-
ter la pensée qui se cache sous les fils entre-
mêlés de cette curieuse phraséologie, regar-
dez ce que font les autres, allez voir dans
nos théâtres les choses qui s'y jouent, regar-
dez la morale qui s'y étale !

En vérité, si le théâtre est le miroir de
notre civilisation, dans quelle civilisation,
Seigneur Dieu, vivons-nous ?

Quelle est cette société, où l'on ne paraît
même pas savoir que le devoir existe, où l'on
ne semble avoir aucune notion de la constitution de la famille et où même, lorsque les
auteurs prétendent se hausser jusqu'à l'idée
cornélienne du sacrifice, leur sublime s'exerce
dans une atmosphère digne de Charenton ?
On y voit des maris se sacrifier aux amants

de leurs femmes, des femmes pousser l'abné-
gation conjugale jusqu'à immoler leurs sentiments et leur dignité aux pieds de leurs
rivales. Et une certaine presse, le lendemain, de s'écrier en chœur, que nous avons
enfin retrouvé le théâtre héroïque ! Il y a de
quoi pleurer devant tant d'inconscience et
d'absurdité.

Ah ! vous vous figuriez peut-être que la
guerre allait vous tirer de ce bourbier !
Vous comptiez sans vos hôtes ! Vous allez
voir quelles turpitudes on vous sortira et
quelles immondices on mettra à la mode,
après la guerre ! Ce n'est pas vous qui faites
la mode. Vous la subissez. On connaît le
moyen de vous museler. Les pauvres poilus
n'ont pas passé, dit-on, quatre ans dans les
tranchées, pour aller se morfondre au sermon. Ils ont besoin de se détendre, de s'a-
muser. Au nom des poilus, ouvrez la digue
et laissez couler l'ordure ! Il n'y a que ça qui
fasse de l'argent. Vivent les mercantis, les
proxénètes, les marchands de chair humaine ! Le monde leur appartient, parce que
vous êtes des catholiques honteux, qui per-
dez la tête, dans votre peur toute mondaine
de passer pour ridicules et de n'être pas

dans le train. Vous y êtes, dans le train, et il vous emporte à toute vitesse à l'absurde !

Souvenons-nous que le monde nous regarde et nous jugera à nos œuvres. Faisons en sorte que ces œuvres nous honorent et nous relèvent à ses yeux.

Certes pour remplir cette tâche, nous n'aurions qu'à revenir aux idées de notre grand siècle, le xviie, celui où notre esprit imposait son hégémonie au monde, et, à prendre au théâtre, la suite de l'entreprise des Corneille et des Racine, mais le fondateur de l'Œuvre Saint-Luc, M. Emmanuel Faure, a voulu davantage. Il lui a paru, et il a probablement eu raison, qu'une seule chose était nécessaire, c'était de réintégrer le Christianisme dans les arts.

Avant toutes choses, il a voulu créer un mouvement de poésie et d'art religieux. Il s'est dit que sa religion étant la religion vraie, elle devait s'épanouir en une floraison de la beauté, qu'elle contenait.

Il m'a, en me proposant de m'occuper avec lui, de la direction du théâtre qu'il fondait, prié de m'en tenir à l'exécution de ce programme d'autant plus fécond qu'il apparaît plus restreint. La tentative m'a paru en valoir la peine et c'est pourquoi, en tant qu'artisan de l'œuvre Saint-Luc, je me suis résolu à me conformer strictement à ses vues.

Mais, en me choisissant, M. Faure a tenu à marquer que son entreprise religieuse et même mystique serait poursuivie dans une direction nettement classique.

En se proposant de restaurer les mystères et miracles, M. Faure nous a placés au chœur même du domaine de la véritable Tragédie. S'il doit naître une tragédie chrétienne, nous nous trouvons placés sur le terrain même où elle peut et doit se manifester et fleurir.

Vous voyez donc qu'il n'y a pas seulement un intérêt religieux dans notre tentative, mais un intérêt artistique et poétique du premier ordre.

Mais nous sommes convaincus, en même temps, que la tragédie ne peut avoir, en France, exactement la même physionomie qu'ailleurs. Elle se développera selon la ligne du génie français, épris d'harmonie, d'équilibre et pénétré du sentiment de la mesure. C'est dire que nous en poursuivrons la réalisation dans le sentiment racinien et dans le sentiment grave et ordonné de l'art antique, car nous ne sommes pas un peuple shakespearien.

Si nous trouvons un Shakespeare, nous nous empresserons de le produire, mais je n'y crois guère. Chaque peuple a son génie particulier et sa mission. Nous sommes, nous, Français, les continuateurs et les héritiers de la civilisation méditerranéenne. Notre rôle, comme celui des anciens Grecs, est de concilier l'Idéal et le réel, le Rêve et la Raison et de les unir dans des constructions simples et lumineuses. Tel sera le sens de l'effort de notre Ghilde dramatique.

Nous ne nous proposons pas de vous représenter ce que vous pouvez aller applaudir ailleurs. Autant que possible, nous vous donnerons des spectacles d'œuvres inédites, car ce que nous rêvons, c'est de créer une école de poètes et d'artistes dramatiques ; ce que nous rêvons, c'est de provoquer une renaissance de la haute poésie chrétienne au théâtre.

Nos moyens matériels sont pauvres, mais nous estimons qu'un bon texte doit se suffire à lui-même et créer son propre décor.

Tels que nous sommes, il faut qu'on nous

soutienne, qu'on nous aide. Il faut que les catholiques se décident à penser et à agir en catholiques et en Français, par conséquent qu'ils fassent un effort pour nous aider à vivre. Nous entreprenons une œuvre de salubrité publique, une œuvre de patriotisme et de religion. Il faut faire comprendre à nos amis qu'ils doivent venir à nos spectacles, qui ne sont pas des spectacles ordinaires. Ce sont de véritables vêpres, que nous leur donnons en ce moment. Il ne faut pas nous laisser succomber. Quand la maison brûle, le devoir de chacun est d'éteindre l'incendie. Il s'agit d'une bonne œuvre et d'une œuvre urgente, pour laquelle nous avons fait déjà de gros sacrifices. Une aide légère peut nous suffire en ce moment, mais si on nous abandonne, ces sacrifices seront perdus. Tout sera à recommencer par le pied. Rappelez-vous que tout échec décourage les bonnes volontés et qu'on dira : « La chose a déjà été tentée et n'a pas réussi. Inutile donc de recommencer ». C'est, en intervenant trop tard, que toutes les bonnes occasions se perdent et que rien ne s'accomplit.

Donc, il faut venir maintenant à nos représentations et nous envoyer du monde. Et si l'on vous objecte qu'il ne faut pas aller au spectacle en carême, répondez qu'y aller, dans ces conditions, c'est, au contraire, faire une œuvre pieuse et employer son temps d'une manière infiniment plus utile qu'autrement, car si l'œuvre ne part pas maintenant, il sera trop tard après le carême, et les catholiques compteront un échec de plus à leur passif.

Afin d'attirer d'autres milieux que les milieux purement catholiques, nous avons décidé de donner quelques spectacles classiques, mais toujours de haute poésie et de haute moralité.

Nous donnerons prochainement *Antigone.*

Nous comptons vous présenter, toutes les trois semaines, quelque nouveauté. De la sorte, nous aurions, dès l'année prochaine, un abondant répertoire d'œuvres remarquables et nous pourrions ainsi arriver à varier l'affiche presque chaque jour.

Nous faisons du théâtre beau, mais économique. Il ne nous faut donc pas de très grandes sommes pour aller de l'avant. Néanmoins, s'il se trouvait des personnes disposées à nous manifester leur intérêt par des

dons, nous leur en serions très reconnais-
sants. Nous attendons de généreux Mécènes.

Nous avons d'autant plus besoin d'être
aidés que la Presse, à part quelques coura-
geux amis, feint de nous ignorer. Alors
qu'elle consacre de longs articles à des
polissonneries, elle nous dédaigne, sans
distinction de partis. Même ceux, sur qui
nous avions le droit de compter, se sont
signalés par leur abstention. Et cependant
l'orthodoxie de notre spectacle d'ouverture
était garantie par la plus haute autorité
ecclésiastique. J'ajoute que le Saint Père a
envoyé, à l'Œuvre Saint-Luc, sa bénédiction
apostolique. De plus, nous donnons nos
représentations dans une maison, qui n'ac-
cepterait pas de spectacle suspect, et M. le
chanoine Fonssagrives, directeur de cette
maison, si aimé et si respecté de tous, nous
sert de répondant.

Quant à la qualité artistique de notre
effort, je pense qu'elle est suffisamment
garantie par ma présence ici et par mon
passé d'auteur dramatique et littéraire.

Nous protestons contre cet ostracisme.
Nous voulons savoir si les journaux, qui se
présentent comme les défenseurs de nos

idées conservatrices et catholiques, seront
conséquents avec leur doctrine jusqu'au
bout, et si, dans leurs arrière-bureaux, ne
se cachent pas des intérêts opposés.

Quoi qu'il en soit, si ce que je vous ai dit
de notre double but de relèvement du théâtre par la poésie et par la religion a réussi à
vous intéresser, si notre passé de loyauté,
d'art et de probité vous inspire quelque con-
fiance, si notre entreprise vous paraît en
valoir la peine, aidez-nous de votre propa-
gande, dans cette œuvre de haute moralisa-
tion dont l'importance nationale ne saurait
vous échapper.

ALFRED POIZAT,

Directeur littéraire de *La Ghilde dramatique.*

Dirigée par l'auteur de ce magnifique
discours-programme, patronnée par le cardinal Amette et par un comité où se rencon-
traient les plus grands noms de l'élite catholique de Paris, on aurait pu croire que la
Ghilde Dramatique de Saint Luc allait connaître un succès éclatant et contribuer à la
renaissance du Théâtre Chrétien. Hélas! il
n'en fut rien. Après avoir représenté *Sainte*

Cécile, tragédie mystère en trois actes d'Alfred Poizat, *Sur les Pas du Semeur* mystère évangélique de l'abbé J. Le Bayon et *La Samaritaine*, scène évangélique en vers d'Alfred Poizat, la *Ghilde* disparut après quelques mois[1].

Un des efforts les plus heureux et les plus réussis qui aient été tentés depuis plusieurs années est celui de M. l'abbé Petit, à Nancy avec son « Théâtre de la Passion », qui est vraiment notre Oberammergau français. C'est en même temps un effort très intéressant de décentralisation artistique.

Il faut signaler les pièces de M. Paul Janot, *Au Clocher*, *La Chrétienne* et surtout *La Moisson* jouée en juin 1920 au théâtre Grévin, et qui, malgré quelques imperfections de détail, recueillit les suffrages de la grande critique parisienne et particulièrement ceux de M. Antoine.

Comment parler de théâtre chrétien sans parler de M. Paul Claudel et de ses deux très belles pièces *l'Otage,* et *l'Annonce faite à Marie*. Malheureusement la manière de M. Paul Claudel — qui enthousiasme les

---

1. Les représentations de la *Ghilde Dramatique* furent données dans la salle du Cercle du Luxembourg.

uns en exaspérant les autres — ne peut être comprise que par une élite.

M. Henri Ghéon s'est placé au tout premier rang de nos dramaturges catholiques avec *Le Miracle de Sainte Cécile*, *La Farce du Pendu Dépendu*, *Le Pauvre sous l'Escalier*, *Les Aventures de Gilles ou le Saint malgré lui* et *Le Mort à cheval*, etc.

Un nouveau groupe d'art dramatique chrétien a été fondé récemment par M. l'abbé Jacques Debout, directeur des *Cahiers Catholiques*, sous ce titre *Art et Foi*.

Son but est surtout de renouveler et d'élever le niveau indigent de la dramaturgie de patronage. C'est d'ailleurs le même effort que poursuit à Rouen, avec un zèle intelligent et averti, M. Edward Montier qui depuis 1901 dirige « Les Philippins. » On peut chercher la raison de l'insuccès presque total de toutes les tentatives que nous venons de passer en revue. Pour moi, la raison est bien simple, c'est d'abord que tous ces efforts ont été dispersés et qu'ensuite ils ne visaient qu'à un théâtre spécifiquement confessionnel et donc qu'à un théâtre de patronage. Car je suis persuadé que le théâtre confessionnel ne dépassera

jamais les limites des auditoires de patronage. Je m'empresse d'ajouter que je ne les
mésestime pas et qu'il y a déjà là un effort
des plus louables à tenter. Je suis rempli
d'admiration devant l'humilité d'un auteur
comme M. Henri Ghéon. Son talent de
dramaturge lui a permis d'aborder avec succès les théàtres profanes. Et voici qu'aujour-
d'hui il ne recule pas devant cette tâche
nouvelle, vouer son talent et se vouer lui-
même à la rénovation du Théâtre de patronage. Certes, on ne peut que l'admirer et le
féliciter; car ce pauvre théâtre en a bien besoin. *Les Cahiers Catholiques* du 25 décembre 1921 commentent en ces termes cette
charitable résolution. « Voilà le premier
homme de lettres qui s'arrête à penser qu'il y
a dans nos œuvres une foule d'élite, foule gâ-
tée par le faux lyrisme et le comique abject
de ceux qui, ne soupçonnant pas sa qualité,
l'attirent en l'abaissant. » Voilà qui est bien
dit ; je souhaite que M. Henri Ghéon rencontre des imitateurs et que leurs efforts conju-
gués chassent définitivement des scènes de
patronage, les drames ridicules à faire rire
et les vaudevilles bêtes à faire pleurer.

Mais on se tromperait étrangement, en

croyant que tout sera fait, quand on sera parvenu à élever littérairement en même temps que chrétiennement ces scènes d'œuvre.

Il restera à conquérir — en partie du moins — les scènes profanes. J'ose dire que c'est là le point le plus important, puisque ce sont elles qui sont fréquentées quotidiennement par l'immense majorité du public. Mais comment les conquérir ? Croit-on sérieusement arriver à faire représenter sur les scènes de la Porte-Saint-Martin, du Gymnase et du Vaudeville, des pièces confessionnelles ? Que M. Henri Ghéon présente aux directeurs le *Miracle de Sainte Cécile* ou quelque autre de ses pièces chrétiennes, il sait aussi bien que moi le sort qu'on leur fera, je gagerai qu'elles ne seront même pas lues.

Que les dramaturges catholiques écrivent donc des pièces dans « la forme » que le public réclame et applaudit ; mais à l'encontre de la plupart des auteurs contemporains, au lieu de donner aux conflits passionnels, familiaux ou sociaux des solutions toujours païennes ou matérialistes, qu'ils apportent aux foules la solution chrétienne.

Edmond Rostand — pour qui une certaine école littéraire professe le dédain le plus méprisant, mais que je considère comme un grand poète dramatique — a magnifiquement exprimé ce que je pense. Dans son Discours de réception à l'Académie Française, il disait : « Il nous faut un théâtre où *exaltant* avec du lyrisme, *moralisant* avec de la beauté, *consolant* avec de la grâce, les poètes, *sans le faire exprès, donnent des leçons d'âme.* »

Voici un admirable programme. On peut, on doit le réaliser sans faire du théâtre confessionnel voué selon moi à un échec certain.

Les fils de lumière n'ont qu'à saisir les armes des fils des ténèbres ; qu'ils s'en servent avec autant de talent, pour élever les âmes et réconforter les cœurs.

CHAPITRE IV

ACTEURS CANONISÉS — ACTEURS CATHOLIQUES

Sous l'Empire Romain, la profession
d'acteur était héréditaire et obligatoire.
Pour se soustraire à la nécessité de suivre
une carrière qui leur était antipathique, un
grand nombre d'acteurs embrassèrent le
christianisme. L'Eglise, en effet, qui repous-
sait les acteurs de son sein et ne les admettait au baptême qu'à l'article de la mort,
leur tendait les bras et les prenait sous sa
protection dès qu'ils avaient renoncé à leur
profession. En l'an 399, le Concile d'Afrique
ordonna que tout acteur païen qui aurait
embrassé le christianisme serait dispensé
pour toujours de remonter sur la scène.

Le premier acteur canonisé fut Saint *Genès*, acteur célèbre du temps de Dioclétien. Le sujet du martyre de saint Genès est éminemment dramatique. Genès voulut se railler des mystères du christianisme, et, sur le théâtre, couché comme un homme mourant, il dit à ses amis : « Je veux mourir chrétien, afin que Dieu me reçoive dans son royaume. Alors, disent les Actes, on fit' approcher deux acteurs qui représentaient un prêtre et un exorciste, et le premier dit à Genès : — Pourquoi, mon fils, nous dites-vous de venir ? Genès se sentant tout à coup changé par une inspiration intérieure, répondit, non par jeu, mais sérieusement : — Parce que je désire recevoir la grâce de Jésus-Christ et être délivré de mes péchés. On fait la cérémonie du baptême, l'eau coule sur la tête de Genès, et d'autres acteurs habillés en soldats, se saisissent de lui et le présentent à l'empereur. On croyait encore à la comédie, au jeu du théâtre. Genès désabusa l'empereur et l'assemblée. « Quand l'eau a coulé sur ma tête, » dit-il, « j'ai vu des anges qui effaçaient mes péchés dans un livre. Je suis chrétien ! » Et sur le champ, il fut torturé, brûlé avec des torches ardentes, et enfin décapité, pour Jésus-Christ. Rotrou a traité ce sujet dans une de ses meilleures tragédies.

Porphyre (qu'il ne faut pas confondre avec le philosophe), comédien à Andrinople, fut baptisé par Moquère sous Julien l'Apostat et fut également canonisé ainsi qu'*Ardéléon*, histrion sous le règne de Justinien en 529.

Enfin la belle *Pélagie*, la Rachel d'Antioche, suivait avec assiduité les prédications de Nonus, évêque d'Héliopolis ; elle se convertit et se retira sur la montagne des Oliviers à Jérusalem où elle finit ses jours dans la pénitence. Elle a été également canonisée.

Le théâtre peut donc revendiquer trois saints et une sainte.

*
* *

Sans avoir mérité les honneurs de la canonisation, un certain nombre de comédiens et de comédiennes furent remarquables de piété.

Dominique, de son vrai nom Biancolelli, le fameux Arlequin de la comédie italienne, était cité pour sa dévotion.

Bertinazzi, dit *Carlin*, était un modèle de dévotion bienveillante et grave. Le pape Clément XI dont il avait été le condisciple, le tenait en grande estime. N'oublions pas *Thomassin*, autre Arlequin qui avait tenu l'emploi avant Carlin ; cet excellent homme, interrogé sur le point de savoir s'il avait eu peur lorsqu'il avait débuté, répondit simplement. « J'ai tremblé bien fort, mais je me suis adressé à la providence divine et elle a béni mon labeur ». Il faut avouer qu'on ne trouve plus de semblables déclarations d'acteurs dans les Journaux contemporains. L'excellent Thomassin fut enterré à Saint-Laurent, sa paroisse.

Ducroissy, le compagnon de Molière ; *Beaubourg*, si estimé de son curé, *Bellerose* se montraient assidus aux offices, croyaient et pratiquaient. *Rosimont*, comédien du Théâtre du Marais avait composé une *Vie des Saints pour tous les jours de l'année*. Plusieurs comédiennes se convertirent ; parmi elles, il faut citer la *Champmeslé*, l'admirable interprète de Racine, Mesdames *Maupin*, *Luzy*, *Toscano*, *Gaussin*. Mais la conversion qui fit le plus de bruit fut celle de *Mademoiselle Gauthier*. Elle appartenait à la Comédie Française et menait une existence assez agitée. Un jour, elle eut, à l'occasion de l'anniversaire de sa naissance, la pieuse fantaisie d'entendre la messe. La grâce la toucha, elle quitta la scène, vint s'enfermer au couvent de l'Antiquaille à Lyon où elle prit l'habit de carmélite le 20 janvier 1725 sous le nom de sœur Augustine de la Miséricorde. La sœur Augustine vécut trente deux ans dans son cloître et mourut le 28 avril 1757 [1].

Lorsque les comédiens quittèrent le théâtre de la rue Guénégaud, pour aller rue des Fossés Saint Germain le 18 avril 1689, ils décidèrent que chaque mois on prélèverait sur la recette une certaine somme qui serait distribuée aux couvents et communautés religieuses les plus pauvres de la ville de Paris. Les Capucins ressentirent les premiers effets de cette aumône. Les Cordeliers demandèrent la même charité par le placet suivant :

Messieurs,

Les pères Cordeliers vous supplient très

---

1. Lire à ce sujet *Comédienne et Carmélite*. Etude historique sur mademoiselle Gauthier, de la Comédie Française par Cœcilia Vellini.

humblement d'avoir la bonté de les mettre au nombre des pauvres religieux à qui vous faites la charité. Il n'y a pas de communauté à Paris qui en ait plus besoin, eu égard à leur grand nombre et à l'extrême pauvreté de leur maison qui le plus souvent manque de pain ; *l'honneur qu'ils ont d'être vos voisins* leur fait espérer que vous leur accorderez l'effet de leurs prières qu'ils redoubleront envers le Seigneur pour la prospérité *de votre chère compagnie* ».

On le voit, ces excellents Pères Cordeliers étaient bien loin de regarder les comédiens comme des excommuniés ; et les membres de l'illustre compagnie de la Comédie du Roi, décidèrent de leur accorder trois livres par mois.

Madame *Gontier*, la célèbre duègne, était d'une piété ardente et sincère. « Mon Dieu, » disait madame Gontier avant d'entrer en scène, « faites-moi la grâce de bien jouer mon rôle ».

Frédérick-Lemaître était croyant, « nul plus que lui ne croyait à Dieu, » écrit son fils, « il le voyait partout, il le voyait dans tout ». Dans un article sur l'Eglise et le Théâtre paru dans *Comœdia* (3 avril 1920) M. Marius Boisson raconte que « cet homme de génie souffrait tant dans l'agonie qu'il s'écria : Ah! si l'on n'était pas chrétien! — car il avait pensé à se suicider ».

Berthelier, le célèbre comique des anciennes Nouveautés, était un ami du Père Monsabré dont il suivait assidument les prédications à Notre-Dame.

Le grand comédien *Adolphe Dupuis* (1824-1891) croyait. Je lis dans la brochure de son biographe anonyme. « Le bon sens lui attestait que le déisme qui généralise la divinité, pour lui refuser l'hommage d'obéir à ses ordres, est pour le Créateur une impertinence pire que l'athéisme. Cette pensée le préoccupait et s'exprimait parfois énergiquement. A propos des débats humains, il redisait à sa femme, avocate des principes de foi : « Tu as raison ! qu'est tout cela auprès de l'éternité ! » Jamais nous n'avons vu ni entendu Dupuis s'associer d'une parole, d'un geste, d'un sourire, aux railleries visant le divin ».

Une très grande artiste, Madame *Anna Judic*, dont le souvenir n'est point effacé, eut toujours la main ouverte et des pensées pieuses, ainsi que l'atteste cette lettre de

remerciements qui lui fut adressée par un
des anciens curés de Chatou, où elle habitait.

« Ma bonne et chère bienfaitrice.

Je vous remercie pour tant de bontés de
votre part. Dieu ne peut que vous bénir et
vous combler de ses bienfaits. Je ne croyais
pas qu'au sein des plaisirs du monde il pouvait y avoir des âmes aussi nobles que la
vôtre. Je pense souvent à vous, et au saint
sacrifice de la messe, j'ai toujours un souvenir pour vous. J'ai célébré ce matin même,
une des deux messes que vous m'avez commandées. De plus, je recommanderai au
prône, chaque dimanche, cette personne qui
vous est si chère. Je ne puis, en conscience,
faire autrement. C'est pour moi un devoir.

... En attendant, madame et chère bienfaitrice, daignez agréer mes hommages et
mes remerciements les plus dévoués et les
plus sincères ».

*
**

L'Intransigeant du 2 Novembre, publiait

l'article suivant: « L'A. C. U. » Les revuistes
devront respecter cette institution qui, hier
— en une réunion à l'hôtel d'Iéna — prenait officiellement possession du monde dramatique parisien. Au demeurant « l'A. C. U. »
— lisez : Actor's Church Union et traduisez :
l'Union Evangélique des Acteurs — ne
s'adresse qu'aux artistes anglais dont le nombre augmente chaque jour dans nos théâtres.
Le fait, néanmoins, ne manque pas de piquant.
La réunion d'hier fut édifiante. Nous avons
appris ainsi que cette œuvre mettait trois ou
quatre cents pasteurs à la disposition des artistes anglais et qu'à Paris notamment elle
s'occupait activement de soulager les misè-
res physiques et morales de ses adhérents.

L'Union Evangélique des 'Acteurs comprend en Angleterre des milliers de membres.
Et parmi ses adeptes les plus fidèles se trouvent... les petites danseuses — les dancing
girls — que nous applaudissons au music-
hall. Leur détresse est parfois immense,
surtout à Paris — nous a dit le révérend
F. Anstrhther Cardew. Bien plus souvent
que d'autres, ces petites danseuses sont victimes de la maladie et du chômage. Elles
ont besoin d'amitié secourable et de conseils,

et elles devront être protégées tout spécialement par l'Union Evangélique des Acteurs... On accueillit ce discours avec une visible satisfaction. Et l'on parla des grands acteurs anglais qui encourageaient cette union de l'Eglise et du Théâtre. Ils ont nom Herbert Tree, Harvey Irving, Cyril Maude, etc...

Aurons-nous jamais en France l'Union Catholique des Acteurs ? »

Avant de répondre à la question un peu sceptique de *L'Intransigeant* constatons d'abord que cette Union existe également en Angleterre sous ce titre *La Gilde catholique du Théâtre*. *La Croix* du 17 décembre 1912, publiait dans sa correspondance d'Angleterre :

« Il s'est formé ici tout dernièrement une Confrérie déjà très florissante dont tous les membres se recrutent parmi les comédiens et les comédiennes. Depuis quelques années déjà le goût du spectacle s'est développé en Angleterre, et en même temps une sorte de manie s'est emparée des gens du monde, hommes et femmes, et les pousse à embrasser la carrière du théâtre.

Ailleurs, on monte quelquefois des planches dans le salon ; ici, on descend du salon sur les planches. Et de même que parmi les journalistes des deux sexes, on trouve beaucoup de catholiques parmi les acteurs et les artistes qui ne trouvent, du reste, aucune incompatibilité en leur profession. Ce sont ceux-là qui ont eu l'idée de fonder *la Gilde Catholique du Théâtre* laquelle a tenu son assemblée annuelle la semaine dernière sous la présidence du R. P. Sidney Smith, l'un des membres les plus aimables de la compagnie de Jésus. Parmi les services que la Confrérie rend à ses membres, il faut mettre le soin qu'elle prend de faire connaître à ceux qui vont en tournée dans les provinces, l'adresse des églises avec les heures des messes, puis de les mettre en relations avec les catholiques des diverses localités, afin de les défendre contre les inconvénients et les dangers de l'isolement. Un autre avantage de l'Association, c'est que des messes sont dites pour le repos de l'âme de ses membres lorsqu'ils viennent à mourir. Le cardinal Bourne et tous les membres de l'épiscopat ont pris sous leur haut patronage *la Gilde Catholique du Théâtre* à laquelle appartiennent beaucoup de prêtres. »

Aurons-nous jamais en France l'Union Catolique des Acteurs ? demandait l'*Intransigeant* dans l'article cité plus haut. La réponse est facile. Nous ne « l'aurons » pas car nous « l'avons » déjà. Si les effectifs ne sont peut-être pas encore très nombreux, les cadres ou plutôt le cadre existe déjà. M. Regnault, architecte parisien très distingué, a en effet fondé le vaste groupement des « Catholiques des Beaux-Arts ». Cette association n'est pas de recrutement étroit. Elle ne se borne pas aux Arts du Dessin, elle s'ouvre toute grande aux Musiciens, aux *Auteurs dramatiques et à leurs interprètes*.

Leur nombre est de plusieurs centaines, il approche du millier. Il est clair que dans ce chiffre, les élèves ou anciens élèves de l'Ecole des Beaux-Arts sont en grande majorité, et que pour l'instant, les auteurs dramatiques et leurs interprètes sont peu nombreux.

Mais n'est-ce pas déjà un résultat que d'en avoir groupé quelques-uns ?

Dans *l'Univers* du 25 février 1913, M. Charles Ponsonailhe consacrait un article aux Catholiques des Beaux-Arts.

Citons sa conclusion. « Quant au but des

Catholiques des Beaux-Arts, il mérite sans réserve le plus franc éloge. C'est l'évangélisation du peuple par l'Art et la Beauté. M. Regnault croit passionnément à l'intelligence, au goût, à la sensibilité latente de ces faubouriens de Paris que l'alcool et le journal pornographique ravalent au niveau des bêtes de proie. Et il compte sur la Musique, dans un cadre, dans un décor simple et beau, il compte sur le Théâtre Chrétien populaire pour libérer ces âmes empoisonnées dans le filet crasseux et sanglant de tous les vices orduriers de la rue. Il a pour l'aider dans cette conquête une élite de voix merveilleuses, d'instrumentistes hors pair, acclamés dans nos théâtres les plus subventionnés. Il s'avance, entouré d'une pléiade d'Etoiles.

Son noble rêve, si rêve il y a, est en tout cas, un rêve étoilé. »

CHAPITRE V

Les membres du Clergé, auteurs dramatiques ! Voilà un titre de chapitre qui peut
surprendre au premier abord. Il est cependant amplement justifié comme on le verra
plus loin.

Le plus illustre des ecclésiastiques, auteur
dramatique, est bien certainement *Saint-Grégoire de Naziance* qui composa une tragédie
sur la Passion. Je sais bien que la question
n'est pas absolument tranchée et que plusieurs
auteurs attribuent cette tragédie à Apolli-
naire l'Ancien. Mais, je me mets sous l'égide
de Racine qui dans sa fameuse lettre adressée à « l'auteur des Hérésies Imaginaires et

des Visionnaires », et prenant la défense des poètes et auteurs dramatiques excommuniés par les austères solitaires du Port-Royal, écrivait : « Tout le monde ne peut pas écrire contre les Jésuites. On peut arriver à la gloire par plus d'une voie. Mais direz-vous il n'y a plus maintenant de gloire à composer des romans et des comédies. Ce que les païens ont honoré est devenu horrible parmi les chrétiens. Je ne suis pas un théologien comme vous ; je prendrai pourtant la liberté de vous dire que l'Eglise ne nous défend point de lire les poètes, qu'elle ne nous commande point de les avoir en horreur. C'est en partie dans leur lecture que les anciens pères se sont formés. *Saint-Grégoire de Naziance n'a point fait de difficulté de mettre la Passion de N.-S. en tragédie.* »

Passons maintenant en revue nos nombreux auteurs ecclésiastiques. Et d'abord les anciens.

Bernard Dovizio de Bibbiena, né en 1470 mort en 1520, fut instruit par ordre de Laurent de Médecis et devint secrétaire de Léon X qui le nomma cardinal (1513). On a de lui quelques poésies et la plus ancienne comédie qui nous reste, *La Calandra,* jouée à Venise en 1508, et plus tard devant la cour pontificale : c'est une imitation des Ménechmes de Plaute.

Aloys Blumauer. Jésuite, né à Steier en Autriche en 1755, mort à Vienne en 1798. Après la suppression de son ordre, il se mit à la tête d'une librairie. Outre une *Enéide travestie*, il publia une tragédie estimable *Ervin de Steinheim*, éditée par Muller, Leipsik, 1801.

Guillaume Hyacinthe Bougeaut, né à Quimper en 1690, mort en 1743, entra chez les Jésuites et professa dans plusieurs de leurs collèges. Il publia trois pièces de théâtre : *La femme Docteur*, *Le Saint Déniché* et *Les Quakers Français*, (1732).

L'abbé Claude Boyer, né à Albi en 1618, mort en 1698, reçu à l'Académie Française en 1666, fut prédicateur et poète très médiocre et mérita les railleries de Boileau et de Racine. Il écrivit une foule de tragédies, d'opéras, de tragi-comédies, dont rien n'a survécu.

David-Augustin de Brueys, né en 1640 à Aix, mort en 1723. Elevé dans le calvinisme, il se livra à la théologie et par suite à la controverse. Quand Bossuet publia l'*Exposition de la Doctrine Catholique*, Brueys lui répon-

dit, mais Bossuet convertit son antagoniste.
Peu de temps après son abjuration, Brueys
perdit sa femme et entra dans les ordres.
Quoique ardent théologien et auteur de plusieurs ouvrages en faveur du catholicisme, il
avait un invincible penchant pour le théâtre.
Palaprat, son compatriote et son ami, avait
les mêmes goûts ; ils travaillèrent ensemble à
plusieurs pièces ; mais Brueys est le principal
auteur du *Grondeur* (1691) du *Minet* (1691),
de l'*Important* (1693), des *Empiriques* (1697),
de l'*Avocat Patelin* (1706) imitation d'une
excellente farce du xve siècle. Ses œuvres
dramatiques ont été publiées à Paris (1735),
3 vol. in-12 et avec celles de Palaprat (1755),
5 vol. in-18.

PIERRE BRUMOY, savant jésuite né à Rouen
en 1688, mort en 1741, professa dans les
collèges de son ordre et cultiva avec succès
les lettres anciennes et la poésie latine. Ses
Œuvres Diverses (1741, 4 vol.) contiennent
trois tragédies et deux comédies. Il a aussi
écrit un ouvrage sur *Le Théâtre des Grecs*.

PEDRO CALDERON, de la Barca, né à Madrid
en 1600, mort en 1681. Il fit des études bril-
lantes chez les Jésuites de Madrid et à Sala-
manque et composa à treize ans sa première

comédie. En 1636, Philippe IV qui avait un goût vif pour le théâtre, l'appela à sa cour, le créa chevalier de Saint-Jacques et le chargea de diriger ses divertissements dramatiques. En 1651, il se fit prêtre, comme avait fait Lope de Vega à quarante-sept ans, obtint un canonicat de Tolède, et dès lors consacra plus particulièrement son talent à composer pour les municipalités de Madrid et plusieurs autres villes d'Espagne les *Auto-Sacramentales* qu'on représentait aux solennités de la Fête-Dieu. Il y a célébré avec un saint enthousiasme les deux Grands Mystères de l'Incarnation et de la présence réelle.

Le recueil de ses pièces n'a été fait qu'après sa mort; Jean de Vera Tassis, son ami, donna en 1685 une collection de 109 de ses comédies; les *Auto-Sacramentales* ne furent publiées qu'en 1717; il y en avait une centaine. Une édition du théâtre complet a été faite à Madrid en dix-sept volumes. Les comédies ont été réimprimées à Leipsik (1827-1830) et à Madrid (1849-1850) en quatre volumes contenant cent vingt-trois comédies, onze intermèdes et quelques poésies diverses. Un choix du théâtre de Calderon forme le troisième volume du *Tesoro del Teatro Español* publiée à Paris par M. de Ochoa. Plusieurs pièces ont été traduites en français par Linguet dans son Théâtre Espagnol, par Esménard dans *Les Chefs-d'Œuvres des Théâtres Etrangers*.

D'autres ont été transportées sur le théâtre français. Citons *Le Geôlier de soi-même*, imité tour à tour par Scarron et Thomas Corneille; *Se défier des Apparences* dont la *Fausse Apparence* de Scarron est une copie; *Les Coups de l'Amour et de la Fortune*, traduit par Quinault; *La Dame Duende* qui fournit à Hauteroche sa *Dame Invisible*; *L'Alcade de Zalamca* imité par Collot d'Herbois dans *Le Paysan Magistrat*, etc...

LE PAPE CLÉMENT XI écrivit plusieurs livrets d'opéras.

L'ABBÉ J.-B. CASTI, poète italien né à Prato en 1721, mort en 1803, fut d'abord professeur dans sa patrie, puis fréquenta les cours de Toscane, de Vienne et de Saint-Pétersbourg. L'Empereur Joseph II lui donna le titre de *poeta cesareo* avec une pension de 3.000 florins. On a de l'abbé Casti: *Des Nouvelles Galantes*, en vers, 1793; deux opéras-comiques *La Grotte de*

Trophonius et *Le Roi Théodore*, mis en musique par Paisiello ; une parodie de la *Conjuration de Catilina* dont Cicéron est le héros comique ; un poème héroï-comique, *Les Animaux Parlants* (1802).

LE PÈRE CAUSSIN, Jésuite né à Troyes en 1583, mort en 1651. Enseigna les belles-lettres à Rouen, à Paris, à la Flèche, eut des succès comme prédicateur et devint confesseur de Louis XIII.

Il a laissé de nombreuses tragédies sacrées, en latin.

Autres ouvrages : *La Cour Sainte* (5 vol.) ; *Apologie pour les religieux de la Compagnie de Jésus* (1644).

L'ABBÉ PIETRO CHIARI, poète italien né à Brescia, mort en 1788, fut en grande réputation à la cour de Modène.

Son théâtre a été publié à Venise et à Bologne (1759-1762), en 14 volumes. On a de lui aussi des romans dont l'un *La Bella Peregrina* est tiré de l'*Ecossaise* de Voltaire.

L'ABBÉ CONTI, littérateur, patricien de Venise, né à Padoue en 1677, mort en 1749, voyagea en France, puis en Angleterre où il se lia avec Newton. Dans ses œuvres publiées à Vienne (1739-56) on trouve des poésies diverses et des tragédies tirées de l'histoire romaine.

Le P. Fronton du Duc, savant jésuite, né à Bordeaux en 1558, mort à Paris en 1624. Il fut bibliothécaire du collège de Clermont à Paris. Il fut aussi professeur de rhétorique au collège de Pont-à-Mousson. C'est là qu'il composa une tragédie sur *Jeanne d'Arc* en 1580, à l'occasion d'un voyage projeté à Plombières par Leurs Majestés Henri III et son épouse, la reine Louise. Les cinq actes de cette pièce embrassent la vie de la Pucelle, de Vaucouleurs au Bûcher de Rouen. Le Comte de Puymaigre croit pouvoir tenir le P. Fronton du Duc pour l'un des ancêtres du romantisme (*Jeanne d'Arc au Théâtre*, art. du *Correspondant* livraison du 10 décembre 1875, p. 984-1013).

L'Abbé Daubignac, né à Paris en 1604, mort à Nemours en 1676, débuta au barreau de Nemours, puis embrassa l'état ecclésiastique. Attaché au Cardinal de Richelieu, il composa *La pratique du Théâtre* (1669) qui eut une sorte d'autorité. Sa tragédie de *Zénobie* prouva, dit Voltaire, que les connaissances ne donnent pas les talents. Il composa aussi une tragédie sur *Jeanne d'Arc*, que l'abbé Jouin qualifie de « ridicule tragédie » (*Jeanne d'Arc*, Mystère par M. l'Abbé Jouin, préface, page 10).

Le Père Ducerceau. Jésuite né à Paris en 1670, mort en 1730. Enseigna dans les collèges de son ordre à Rouen et à la Flèche. Fut précepteur de Louis François de Bourbon-Conti, qui le tua par mégarde en maniant un fusil. Il composa pour les élèves des collèges un grand nombre de comédies. Voici les principales : *Les Incommodités de la Grandeur*, *L'Ecole des Pères*, *Esope au collège*, *Les Pincettes*, *Les Cousins*, *La Défaite du Solécisme*, etc... toutes d'ailleurs assez médiocres. Les comédies ont été rééditées en 1807 et avec d'autres poésies en 1828 (2 vol. in-8).

Agnolo Firenzuola, né en 1493, mort vers 1548. Il fut d'abord avocat puis entra chez les religieux de Vallombreuse et fut pourvu des abbayes de Sainte-Marie de Spolète et Saint-Sauveur de Vajano. Il a laissé deux comédies. Ses œuvres complètes ont été publiées à Florence en 1763.

Antoine Furetière, né à Paris en 1619, mort en 1688, fut procureur fiscal de l'abbaye de Saint-Germain des Prés, puis entra

dans les ordres et devint abbé de Chalivoy
et prieur de Chuines. En 1662, il fut élu à
l'Académie Française. Lié avec La Fontaine, Boileau et Racine il fournit quelques
traits pour la comédie des *Plaideurs* et fit
presque seul *Le Chapelain Décoiffé*, qui se
trouve à la suite des œuvres de Boileau. On
lui doit, en outre, un grand nombre d'ouvrages.

L'ABBÉ GENEST. Littérateur, né en 1639
à Paris, mort en 1719. Membre de l'Académie Française en 1689, a écrit une tragédie
de *Pénélope* que Bossuet citait avec éloges.

LES FRÈRES GRÉBAN, nés à Compiègne,
l'un Simon, était religieux au monastère de
Saint-Ricquier en Ponthieu ; l'autre Arnoul,
chanoine de l'Eglise du Mans. Ils sont les
auteurs du *Vray Mystère de la Passion* et
du *Triomphant Mystère des Actes des Apôtres* en vers, joué avec un très grand succès
au Mans en 1510, à Bourges en 1536, à
Tours et à Paris en 1541.

LE CHANOINE FRANGIPANI écrivit une tragédie lyrique qui fut représentée à Venise
en 1574 devant Henri III de France.

GRESSET, poète, né à Amiens en 1709,
mort en 1777, entra à seize ans chez les

Jésuites. A vingt-quatre ans il publia le petit poème de *Vert-Vert*, en quatre chants, chef d'œuvre de grâce badine, qui obtint beaucoup de succès, et dans lequel il chanta, en vers de dix syllabes, les aventures d'un perroquet des Visitandines de Nevers. Gresset, blâmé par ses supérieurs, à cause de ses idées mondaines, quitta les Jésuites en 1735 et vint à Paris. Il se consacra au théâtre, composa de nombreuses tragédies et comédies, mais ne réussit qu'une fois avec *Le Méchant* joué en 1747, bonne et franche comédie.

Gresset entra en 1748 à l'Académie Française. Ses œuvres complètes ont été publiées par Fayelle, 1803, par Renouard, 1811, et ses œuvres choisies par Camprenon, 1823.

Voir sur Gresset: *Essai sur la Vie et les Ouvrages de Gresset*, par de Cayrol, 1845. Signalons aussi *L'Eloge de Gresset*, par M. Charles Le Bargy, l'illustre comédien, éloge couronné par l'Académie d'Amiens en 1878. (Montdidier, typographie Mérot.)

Guimond de la Touche. Jésuite, poète dramatique, né à Châteauroux en 1725, mort en 1760; entra chez les Jésuites en 1739, les quitta quatorze ans après, et entraîné par son goût pour le théâtre donna en 1754, à la Comédie Françaises *Iphigénie en Tauride*, tragédie en cinq actes qui eut un immense succès.

Bien que simple religieuse, citons cependant HROSVITA, religieuse de l'abbaye bénédictine de Gandershein, au x° siècle, originaire de Saxe. Sans compter de nombreux ouvrages, elle a laissé six drames religieux, où elle voulut, dit-on, imiter Térence, et qui ont été publiés avec une traduction française par M. Magnin. (Paris, 1845).

L'ABBÉ JOSEPH DE LA PORTE. Littérateur né à Belfort en 1713, mort en 1779. Auteur de nombreux ouvrages de critique, s'il n'écrivit point de pièces, il est cependant juste de le citer ici, puisqu'il publia un *Calendrier Historique et Chronologique des théâtres de Paris* 1751-1778. (28 vol-in-24).

LE P. DE LA RUE, né à Paris en 1643, mort en 1725. Entra et professa chez les Jésuites. Il publia deux tragédies latines, *Lysimachus* et *Cyrus*, et une tragédie en vers français *Sylla* qui lui valut le suffrage de Corneille, mais qui n'en est pas moins complètement oubliée. On lui a aussi attribué l'*Andrienne* et l'*Homme à bonnes for-*

tunes, comédies de son ami l'acteur Baron.

Luce de Lancival, né à Saint-Gobain en 1766, mort en 1810. Professeur de rhétorique au collège de Navarre, il entra ensuite dans les ordres, il était déjà grand vicaire de l'évêque de Lescar lorsque la Révolution vint rompre ses vœux et lui fit quitter la chaire — car il fut prédicateur très en vogue — pour le théâtre, où il ne fut pas très heureux. Il a composé six tragédies dont les principales sont : *Mucius Scoevola* en trois actes, 1793 ; et *Hector* en cinq actes, 1809, son meilleur ouvrage. Ses œuvres ont été recueillies en 1826 par M. Colin de Plancy.

Torrès-Naharro, poète dramatique espagnol du xvi⁰ siècle, né à Tolède, embrassa l'état ecclésiastique, et passa une partie de sa vie à Rome. Créateur du théâtre espagnol, il publia ses comédies à Naples en 1517 sous le titre de *Propaladia*. Ces pièces sont les premières qui aient été divisées en cinq journées. Naharro a aussi publié le premier en Espagne, des préceptes sur l'Art Théâtral.

Palissot de Montenoy, né à Nancy en 1730, mort en 1814. A seize ans, il entra à l'Oratoire, mais en sortit quelques années après. A dix-neuf ans, il avait déjà écrit deux tragédies *Zarès* et *Ninus II*. Il écrivit *Les Philosophes* comédie en trois actes, jouée au Théâtre Français, *Le Cercle* comédie en un acte, jouée à Nancy en 1755. Il composa encore six autres comédies, mais il n'avait rien d'un poète comique, aussi sont-elles tombées dans un juste oubli. Il était administrateur de la bibliothèque Mazarine et membre correspondant de l'Institut, quand il mourut. Les œuvres de Palissot ont été réunies à Paris, 1788 et par lui-même, Paris 1809 (6 vol. in-8°).

L'ABBÉ PELLEGRIN, né à Marseille en 1663; mort en 1745, fut d'abord moine servite, puis aumônier de vaisseau. Il se consacra ensuite à la littérature. Il écrivit de nombreuses comédies et tragédies. Assez irrespectueusement, il mit sur des airs d'opéras et de vaudevilles, l'histoire de l'Ancien et du Nouveau Testament et les Psaumes de David.

L'ABBÉ PERRIN, né à Lyon en 1620, mort en 1675. Fit représenter en 1659, à Issy, une pastorale en cinq actes et en vers, musique de Cambert; c'est la première pièce française qu'on ait chantée. En 1669, il obtint un privilège pour l'établissement d'une Académie de Musique, et deux ans après, fit jouer dans la rue Mazarine, à Paris, un opéra *Pomone*. Ce sont là les origines de l'Opéra Français. On a publié les Œuvres de Poésie de l'abbé Perrin, en 1661.

Le Père Charles Porée. Jésuite né en 1675 ou 1676 à Vendes, mort en 1741, entra chez les Jésuites en 1692, enseigna la rhétorique à Rennes en 1695, et fut bientôt appelé à diriger à Paris le collège Louis-le-Grand, où il professa aussi la rhétorique. Il fut un admirable professeur et ses élèves, même ceux qui oublièrent le plus ses enseignements moraux, comme Voltaire, Diderot, Helvétius, lui gardèrent toujours un profond et reconnaissant souvenir. On lui doit six tragédies latines, dont un *Brutus* auquel Voltaire, selon La Harpe, aurait emprunté plusieurs traits ; quatre comédies de mœurs en prose latine, précédées de prologues en vers français qui en expliquent le sujet ; le *Misoponus* (l'ennemi du travail) et le *Philédon* (l'ami du plaisir) furent joués souvent dans les collèges de l'Ordre.

Ses comédies n'avaient, en effet, d'autre but que la formation morale des élèves. « Dans ses comédies elles-mêmes le zèle du religieux se retrouve, pour donner aux enfants, sous une forme attrayante, les plus sérieuses leçons de morale, pour flétrir avec une hardiesse qui, aujourd'hui, paraîtrait inouïe, tous les vices du beau monde d'alors, depuis le jeu et l'inconduite jusqu'au grave abus des vocations forcées. » (*Un professeur d'Ancien Régime, le P. Charles Porée*, par le P. Joseph de la Servière, Paris, Oudin 1899).

Le P. Porée, bien qu'auteur dramatique à ses heures, a écrit un discours contre les spectacles, *De Theatro Oratio*, en 1733.

Le cardinal de Richelieu, quelque temps jaloux de Corneille, voulut écrire pour le Théâtre, *Mirame*, tragédie, et *La Grande Pastorale*, œuvres d'ailleurs fort médiocres.

Dans la *Revue Bleue* du 4 Juillet 1896, M. Gustave Larroumet publiait un très intéressant article sur le cardinal de Richelieu dans la Littérature et l'Art.

Voici un extrait de cette étude qui se rapporte directement à *Mirame*. « Le jour de l'inauguration du théâtre qu'il avait fait construire, dans son palais, le Palais Cardinal, pour la représentation de *Mirame* le 14 Janvier 1641, moins de deux ans avant sa mort, il se montrait encore galant et magnifique, lorsque, assisté par M. de Valençay, évêque de Chartres, il faisait les honneurs de la salle au roi et à la cour, et, d'un coup d'œil, faisait manœuvrer ses vingt-quatre pages offrant la collation, sous le commandement de l'évêque. Ce jour-là, l'homme de lettres primait l'homme d'Etat. Il y avait des conspirateurs dans la salle et l'un d'eux, Campion, écrivait à son maître le comte de Soissons : « Je me suis trouvé assis près de Monsieur le Cardinal, qui avait tant d'attention au récit de sa comédie qu'il ne pensait qu'à s'admirer soi-même en son propre ouvrage ».

LE CARDINAL RICARIO, neveu de Sixte IV, fit le livret d'un *Orphée.*

TIRSO DE MOLINA, comme il se fit appeler de son vivant, mais de son vrai nom, Frère Gabriel Teller, né en 1570, mort en 1650.

Carme et prieur du couvent de Soria. On a de lui 60 drames, d'une action extravagante et enchevêtrée. C'est lui qui a trouvé le fameux sujet de *Don Juan.* Molière a imité son *Convidado de Piedra* dans son *Festin de Pierre. Gilles de la culotte verte* a eu une très féconde carrière à Madrid. On a aussi de lui *Les Vergers de Tolède*, recueil de romans où il établit sa bizarre théorie dramatique. La bibliothèque Mazarine en a un exemplaire. Les œuvres dramatiques de Teller ont été recueillies pour la première fois à Madrid, 1844-1846 (10 vol.)

LOPE DE VEGA né à Madrid en 1562 mort en 1635. Deux fois veuf, il entra dans les ordres et devint chapelain de la confrérie de Saint François. Il eut de son vivant une gloire immense, on l'appelait le phénix de l'Espagne, le prodige de la nature.

Ses œuvres lui rapportèrent, dit-on, plus de 150.000 ducats.

Lope de Vega, eut une fécondité prodigieuse. Il composa 1800 pièces (tragédies, comédies, tragi-comédies) et 400 auto-sacramentales.

On y distingue 1° les comédies spirituelles ou sacrées, analogues aux mystères français ; 2° les comédies profanes ou mondaines divisées en comédies héroïques et comédies de cape et d'épée. De toutes ces pièces 300 environ ont été imprimées, Madrid, 1609-1647, en 25 vol. Elles révèlent une imagination inépuisable, un bizarre mélange du sublime et du trivial, une habileté rare à manier le dialogue, mais un style très inégal. Plusieurs de ses pièces ont été dernièrement adaptées à la scène française, avec un énorme succès, par MM. Camille le Senne et Guillot de Saix.

L'ABBÉ DE VOISENON né au château de Voisenon près de Melun en 1708, mort en 1775, prit les ordres pour complaire à sa famille. Il devint grand vicaire de Boulogne, refusa l'évêché en 1741, et prit comme compensation l'abbaye du Jard. Homme du monde beaucoup plus que prêtre, il partagea sa vie entre le théâtre et la cour.

Il composa de nombreuses comédies dont la principale est *La Coquette fixée*, en 1746, et quelques opéras. On lui attribua à tort une grande part des pièces de Favart, son ami. Ses œuvres complètes furent publiées à Paris en 1781, 5 vol. in 8°.

Passons maintenant aux auteurs modernes.

LE R. P. ALLAIN (*La Main de Dieu*, drame biblique et vers en trois tableaux). Téqui, éditeur.

LE R. P. D'ARRAS (*L'Homme aux Canaris*, un acte en vers ; *Enfances Guesclin*, drame en un acte en vers. Téqui, éditeur).

Le P. Brou S. J. *(Montferrat*, drame en un acte en vers. Téqui, édit.)

Abbé Marc Calmon. *(Roland* drame en quatre actes en vers. Téqui, édit.)

Le R. P. Chopin. *(Le Drapeau*, drame en un acte en vers. Téqui, édit.)

Le P. Victor Delaporte. S. J. *(Le Baptistère de la France*, drame en un acte en vers.

Loc'h Maria — drame en trois actes en vers.

Sainte Geneviève — drame-mystère en trois actes, en vers.

Saint Louis — drame historique en cinq actes, en vers.

Patria — drame biblique en trois actes, en vers.

Pour l'Honneur — drame en quatre tableaux, en vers.

La revanche de Jeanne d'Arc — drame historique en quatre actes, en vers.

Genovéfa — drame en trois tableaux, en vers. Téqui, éditeur.

Le P. Delaporte est aussi l'auteur de nombreux articles de critique dramatique parus principalement dans *Les Etudes*, revue dirigée par les Pères Jésuites.

Mgr Debout *(Jeanne d'Arc libératrice —* Tragédie en trois actes. Téqui, édit.)

Abbé Dubois *(La Mort de Roland —* drame en cinq actes, en vers. Téqui, édit.)

Abbé Durand *(L'Intendant Infidèle —* drame en quatre tableaux. Téqui, édit.)

R. P. de Gabriac (*François de Guise —* drame en trois actes en vers. Téqui, édit.)

Abbé Gaffre. L'éminent prédicateur a écrit le livret d'un opéra *David*, musique de M. Dietrich, organiste de la cathédrale de Dijon.

R. P. Longhaye. S. J. *(Bouvines,* drame en trois actes en vers.)

Campian, drame en quatre actes en vers.

Canove — drame en trois actes en vers.

Les Flavius, tragédie en cinq actes en vers.

Jean de la Valette — tragédie en cinq actes en vers.

Terre d'Asile — tragédie en cinq actes en vers. (Téqui, éd.)

Abbé Lozet *(Louis XVII —* drame en trois actes en vers. Téqui, éd.)

Abbé Mederik *(Jeanne d'Arc —* tragédie en trois actes en prose). Téqui, éd.

Abbé Moret *(L'Anarchiste —* drame en trois actes en prose.)

Le Bonnet du Juif Errrant — un acte en prose.

Maître Patelin — un acte en prose.

Le Plus Beau Rêve — un acte en prose. Téqui, éditeur.

ABBÉ PAILLER *(La Passion de N. S. Jésus-Christ* — mystère en trois actes. Téqui).

R. P. PERROY. *(Jeanne d'Arc,* drame en six actes, en vers. Téqui, éd.)

CHANOINE PICHERIT *(Jeanne d'Arc à Rouen,* drame en trois actes en vers. Téqui).

R. P. TRICARD. S. J. *(Garcia Moreno* — drame en cinq actes en vers.

La Mennais — pièce en un acte en vers.

L'Héritage, drame en un acte en vers.

Palestrina, pièce en un acte en vers.

Vitus, drame en quatre actes en vers. Téqui éditeur.

ABBÉ ABLIN *(Richard de Monfort* — drame — Retaux, édit.)

ABBÉ MOUCHARD, *Scènes Evangéliques* — Poussielgue, édit.)

R. P. CAMILLE *(Le Singe* — opérette dramatique en deux actes. Paroles du P. Camille, musique de l'Abbé Thibault — Haton édit.)

ABBÉ THIBAULT *(Un beau rêve* — opérette — Haton édit.)

Abbé Chambois — (*Deux fois roi* — pièce historique en un acte. Haton édit.)

Mgr Jouin — curé de Saint Augustin, à Paris, est le plus considérable des auteurs dramatiques ecclésiastiques modernes. Son œuvre théâtrale est énorme et d'une très belle tenue littéraire. Voici ses principales pièces :

La Nativité — pastorale en trois parties.

N. D. de Lourdes, oratorio en trois parties.

La Passion, mystère en seize tableaux.

La Passion, mystère en dix-huit tableaux.

Clotilde, drame historique en cinq actes et dix tableaux.

Bernadette, drame en cinq actes et dix tableaux.

Jeanne d'Arc, mystère en cinq actes et quinze tableaux etc...

Léon Guilloneau, éditeur.[1]

---

1. Je prie les auteurs ecclésiastiques dont j'aurais omis de citer les noms et les œuvres de bien vouloir m'excuser. S'ils veulent m'envoyer la liste de leurs ouvrages, l'omission sera réparée dans la deuxième édition de cette étude.

Appendice documentaire

*Lettre d'un Théologien en faveur
des spectacles* [1].

Le Père Caffaro, auteur de cette lettre,
qui constitue un véritable plaidoyer en faveur du théâtre et des comédiens, s'attira de
Bossuet, la sévère réplique des *Maximes
sur la Comédie,* dont nous parlons d'autre
part.

Voici les principaux passages de cette
lettre :

« Monsieur.

Je m'étais toujours défendu de vous donner
par écrit mon sentiment sur la comédie et
j'avais tâché d'éviter ce coup en vous appor-

1. Le Père Caffaro, religieux théatin écrivit cette lettre en
1694. Lille, Leleux édit., 1826.

tant pour excuse et la délicatesse de la matière et le peu de capacité de celui qui devait la traiter ; mais je ne puis plus tenir contre l'obstination de vos prières, et pour vous guérir de la crainte scrupuleuse où vous êtes que votre conscience ne soit intéressée dans les ouvrages de votre esprit, je passe aujourd'hui par dessus ces deux difficultés, voulant bien m'exposer en votre faveur, à ne pas répondre à la haute idée que vous avez conçue de mon peu de mérite, et m'engager pour vous tirer de peine dans une des plus difficiles, mais des plus curieuses questions qu'un théologien puisse traiter...

Lisez et relisez l'Ecriture, vous n'y trouverez point de précepte formel et particulier contre la comédie. Les Pères assurent qu'on n'y peut assister ; les docteurs scolastiques assurent le contraire. Tâchons de nous servir de cette règle de Saint-Cyprien, que la raison doit expliquer ce que l'Ecriture a voulu taire et faisons nos efforts pour concilier les conclusions des théologiens avec les décisions des Pères de l'Eglise. Mais comme c'est quelque chose d'assez délicat, et que le point de la question consiste à les bien accorder ensemble, je veux bien ne vous rien

avancer de moi-même et vous faire parler à
ma place l'incomparable Saint Thomas lequel
étant le maître et le chef de tous les théologiens, me paraît tout à fait propre pour ras-
sembler les sentiments partagés des uns et
des autres, et pour nous tracer le chemin que
nous devons suivre sans avoir peur de nous
égarer. Lisez, je vous prie, avec attention
ce que ce grand docteur enseigne de la comédie dans la seconde partie de sa Somme.
Il demande entr'autres ce que l'on doit croire
des jeux et des divertissements, et il se répond lui-même que quand ils sont modérés,
non seulement il n'y croit point de mal, mais
encore qu'il y trouve quelque bien. La raison qu'il en apporte est que l'homme, fatigué
par des actions sérieuses, a besoin d'un
agréable repos qu'il ne trouve que dans les
jeux. « Comment, « dit Saint Thomas, » comment se fait ce relâchement de l'esprit, si
ce n'est par des paroles ou par des actions
divertissantes ? Ce n'est donc point un mal
ni rien d'indigne de l'homme sage et ver-
tueux de ne se point refuser des plaisirs
innocents et honnêtes ».

De ces paroles de Saint Thomas, il vous
est aisé de juger, Monsieur, que sous le nom

de jeux, il comprend aussi la comédie, quand il dit que ce relâchement de l'esprit qui est une vertu, se fait par des paroles et des actions divertissantes. Mais écoutez encore un peu ce grand docteur, il achèvera de vous convaincre par une objection qu'il se fait à lui-même, et vous verrez comment il y répond.

L'objection est forte et délicate, et contient presque tout ce qu'on peut dire contre les comédies et contre les autres spectacles. « Il semble, « dit Saint Thomas, » que les comédiens passent les bornes du divertissement, eux qui ne destinent toute leur vie qu'à jouer. Si l'excès du divertissement est donc un péché, les comédiens sont en état de péché ; comme aussi tous ceux qui leur donnent quelque chose sont comme les fauteurs de leur péché ».

Si l'objection que se fait Saint Thomas est subtile, sa réponse n'a pas moins de délicatesse et de solidité. « Le divertissement, » répond cet excellent docteur, « étant donc nécessaire pour la consolation de la vie humaine, on peut destiner à cette même fin certains emplois qui soient permis. Ainsi l'emploi des comédiens, établi pour donner aux hommes une récréation honnête, n'a rien selon moi qui mérite d'être défendu, et je ne les crois pas en état de péché, pourvu qu'ils n'usent de cette sorte de jeu qu'avec modération, c'est-à-dire qu'ils ne disent ou ne fassent rien d'illicite ; qu'ils ne mèlent point le sacré au profane, et qu'ils ne jouent point en un temps défendu. De là je conclus que ceux qui les paient et qui les assistent avec modération ne pèchent point et qu'ils font même une action de justice, puisque c'est leur donner la récompense de leur ministère »...

Tel est mon avis et je pense que les comédies, de leur nature et prises en elles-mêmes indépendamment de toute circonstance bonne ou mauvaise, doivent êtres mises au nombre des choses indifférentes. Je fais plus et je vais tâcher de vous prouver que c'est aussi le sentiment des Pères de l'Eglise. Saint Cyprien en parlant de David qui dansa devant l'arche au son des flûtes, des tambours et des autres instruments, avoue que ce n'est point un mal de danser et de chanter ; mais il prétend que cela n'excuse pas les chrétiens qui assistent à des danses et à des chants impurs qui font retentir les louanges des idoles. D'où il vous est facile de juger que ce saint docteur ne condamne pas absolument les danses, les chants, les opéras et les comédies, mais seulement les spectacles qui représentaient des fables en la manière lascive des Grecs et des Romains, qui se célébraient en l'honneur des idoles. *Saint Bonaventure* dit formellement que les spectacles sont bons et permis s'ils sont accompagnés des précautions et des circonstances nécessaires. *Saint Antonin*, archevêque de Florence, écrit : « *La profession de comédien parce qu'elle sert à la récréation de l'homme, qui est nécessaire pour sa vie, n'est pas défendue d'elle-même ; de là vient qu'il n'est pas non plus défendu de vivre de cet art* ». Se peut-il rien, Monsieur, de plus fort en faveur de la comédie...

Aussi voyons-nous qu'elle n'est pas défendue par le saint de nos jours, le grand *François de Sales*, évêque de Genève, et Fontana de Ferrare rapporte dans son institution, que l'illustre *Saint Charles Borromée* permet les comédies dans son diocèse par une ordonnance de 1583, à condition néanmoins qu'avant d'être représentées elles seraient revues et approuvées par son grand vicaire, de peur qu'il ne s'y glissât quelque chose de déshonnète. Ce pieux et savant cardinal approuve donc les comédies et ne condamne que les déshonnêtes et les impies, comme on le voit par le troisième concile qu'il tint à Milan en 1572.

Jusqu'ici je ne vois rien de mauvais dans l'institution de la comédie. Ah ! disent ses ennemis, elle n'est que trop mauvaise puisqu'elle est défendue. Jusqu'à présent, je l'avoue, je croyais qu'on défendait les choses parce qu'elles étaient mauvaises et non pas qu'elles fussent mauvaises parce qu'elles étaient défendues.

Mais, me dites-vous, si les comédies sont bonnes en elles-mêmes, pourquoi ceux qui les jouent sont-ils notés d'infamie par le *Digeste* de Justinien. Si ce n'était pas un crime de jouer la comédie, on n'aurait pas traité les comédiens d'infâmes. C'est une assez faible conséquence que de prouver la méchanceté d'une action parce qu'elle est notée d'infamie. S'il était vrai que les comédiens fussent infâmes pour monter sur le théâtre et pour jouer la comédie, je voudrais savoir en vertu de quoi les jeunes gens dans les collèges, les personnes les plus sages et les plus qualifiées, les princes mêmes et les rois, les prêtres et les religieux, qui tous, pour se divertir et sans scandale, représentent des personnages dans les comédies, ne sont point infâmes ; et que les comédiens le sont, eux qui ne font pas autre chose ?

Qu'on ne me dise pas que c'est parce que les derniers jouent par intérêt, et pour en retirer du profit, au lieu que tous les autres ne le font que pour leur divertissement ; car cette raison fait pitié. S'il est vrai que l'action soit mauvaise en soi, qu'importe qu'elle se fasse avec gain ou sans profit, elle sera toujours mauvaise...

Comme le temps qui change fait tout changer avec lui, les gens équitables doivent regarder les choses dans le temps où elles sont. Il ne faut pas remonter bien haut pour voir que la plus infâme de toutes les conditions était celle des cabaretiers ; cependant ils ont aujourd'hui la qualité de marchands de vin, et travaillent à se faire incorporer parmi les marchands que par distinction on appelle honorables hommes, et dont on fait les consuls et les échevins qui sont les premiers grades de la bourgeoisie.

Les médecins eux-mêmes dont les enfants

remplissent des places si considérables dans l'Eglise, dans l'épée et dans la robe, n'ont-ils pas été chassés de Rome comme infâmes ? et dans l'élévation où ils sont reste-t-il le moindre vestige de leur infamie ? Pourquoi donc y en aurait-il dans la profession toute pleine d'esprit et qui est aujourd'hui, par les soins que tant d'habiles gens se sont donnés, moins l'école du vice, que celle de la vertu ?...

Il est indubitable, Monsieur, que la comédie étant devenue tout honnête, ceux qui la représentent et qui vivent honnêtement d'ailleurs, doivent sans difficulté être au nombre des honnêtes gens. Ceux donc qui jouent la comédie sont d'honnêtes gens qui se sont destinés à cet emploi et qui s'en acquittent sans scandale et avec toutes sortes de bienséances, à moins que parmi eux il ne s'en trouve de malhonnêtes de même qu'en toute autre profession, alors que leur malice naît de leur propre corruption, et non pas de leur état ni de leur profession, puisque tous ne leur ressemblent pas. J'en ai confessé et connu particulièrement, qui, hors du théâtre et dans leur famille, menaient la vie du monde la plus exemplaire. Et vous m'avez dit vous-même que tous en général prenaient

sur la masse de leur gain de quoi faire des
aumônes considérables, dont les magistrats
et les supérieurs des couvents pourraient
rendre de bons témoignages. Je doute qu'on
puisse dire la même chose des personnes
zélées qui parlent si haut contre eux... Met-
tons en principe que les actions respectives
des hommes les fassent seules apprécier; la
raison et l'équité nous en font un devoir.
Par cela nous sentirons que la qualité d'ho-
norable est absurde donnée à un état, à une
profession, parce que ni un état, ni une profession n'honorent celui qui ne réunit pas
les qualités morales qu'on exige de l'honneur.
Dans quelque état, dans quelque rang que
se trouvent la vertu et le mérite, ils ont droit
à notre hommage »...

Les Drames Sacramentels en Espagne [1].

Aucune nation catholique n'a célébré la
fête du Saint-Sacrement avec plus de splen-

---

1. Article de M. Pierre Suau publié dans le numéro de janvier 1905 de l'*Idéal* revue d'études apologétiques, religieuses
et sociales, sous la direction de M. l'abbé Coubé (Paris, 53 avenue Bosquet).

deur et d'enthousiasme, aucune n'a apporté
à ce culte plus d'originalité que l'Espagne
au xvie et au xviie siècles.

Le pape Urbain IV, en 1263, avait institué
une fête annuelle en l'honneur de l'Eucharistie. Le pape Jean XXIII demanda qu'en
ce jour on fît au Saint-Sacrement une escorte
triomphale. En Espagne, on mêla de bonne
heure à ces processions des représentations
sacrées, qui longtemps, ne rappelaient aucu-
nement le mystère, objet de la fête. Le pro-
testantisme, en niant la présence réelle, ou
en la réduisant au moment fugitif de la
communion, surexcita la foi espagnole et ce
fut une pensée de réparation qui provoqua
l'institution du drame purement sacramen-
tel, « l'auto-sacramental ». L'idée était
grande et le peuple l'accepta avec un enthousiasme qui fait honneur à sa foi.

Les premiers « autos » manquaient d'action, mais quand ils eurent pour auteurs des
maîtres comme Lope de Vega, Tirso de Molina, Valdiviero et surtout Calderon, ces
œuvres éphémères composées pour un spectacle, acquirent l'attrait puissant du drame.
La nature en rendait la composition difficile.
Aucun auteur ne se résolut à représenter

l'institution même de l'Eucharistie. Tous se proposèrent de faire un sermon en action, d'exposer dramatiquement la théologie eucharistique. Le symbolisme fut la source où puisèrent les écrivains d'autos. Ce symbolisme resterait peut-être inintelligible à des foules modernes, dénuées d'instruction religieuse. Le peuple espagnol du XVIᵉ et du XVIIᵉ siècles, en soulevait aisément les voiles et, de ces nobles spectacles, il rapportait l'intelligence plus complète de sa foi, le sens vrai de la vie, l'espoir des biens éternels, les seuls certains. D'autres théâtres furent plus attiques ; aucun n'exerça jamais une plus idéale influence que celui des drames eucharistiques. Aussi, tandis que Racine mourant brûlait ses drames d'amour, Lope de Vega, sur son lit de mort, se rappelait, comme un mérite, ses compositions sacrées et, après avoir reçu le viatique, le grand Calderon, prêtre comme Lope, reprenait une auto pour le corriger encore. Aussi zélés que les chorèges antiques, les membres de la « Junta del Corpus » ouvraient, le samedi Saint, un concours de troupes. Les meilleurs acteurs devaient être réservés à Madrid et on les recrutait dans tout le royaume. Les comé-

diens devaient rester dans la capitale, pour
s'exercer, depuis Pâques jusqu'à la Fête-Dieu.
Huit jours après Pâques, l'auteur livrait son
rollet; Lope de Vega, s'étant une fois mis en
retard, son impresario fut emprisonné. Huit
ou quinze jours avant la fête, on faisait,
hors la ville, à la fine pointe de l'aube, une
répétition générale nommée « muestra de
los carros ». Cette répétition, fort goûtée
était précédée, d'une veillée pittoresque qui
n'avait rien d'ascétique. Enfin, la fête vraiment nationale de l'Espagne, le jour du
« Corpus Christi », s'annonçait au son des
cloches et des arquebusades. Par les rues
jonchées de sable et de fleurs, le roi, les conseils, les grands corps se rendaient à Santa-
Maria, d'où la procession sortait après la
messe. La procession achevée, on déposait
à la hâte les ornements d'éblouissant bro-
card puis on courait ensuite à la place de
l'Alcazar ou de San-Salvador assister à
l' « auto ». Un reposoir vide rappelait l'ancienne coutume de jouer devant le Saint-Sacrement. Le roi assistait au spectacle, d'une
fenêtre. Vers 1638, on lui éleva une tribune
en face des carros. Le peuple se massait autour de la tribune royale, et, en attendant le

rideau, assistait, aux pantomimes et aux qua-
drilles, aux danses nationales des différentes
provinces.

Au XVIe siècle, on ne jouait qu'un *auto*, en
face de l'Eglise de la Almudena, et en présence du Saint-Sacrement. Plus tard, on pré-
para quatre pièces, une pour le roi, à l'Alcazar, l'autre pour le Conseil, sur la place de
San-Salvador, les dernières pour la ville et
pour le peuple, à la porte de Guadalajara et à
la plaza Mayor.

La pièce du roi était jouée le jeudi soir,
les autres le vendredi matin ou le vendredi
soir. Mais Madrid devenait insatiable. Les
infantes, le nonce, les favoris, les corpora-
tions veulent avoir leur représentation particulière. Aussi, pendant tout l'octave du
Corpus, les « carros » sillonnaient-ils les
rues, apportant aux demeures fortunées, le
spectacle passionnément attendu.

Car ce n'était pas le public qui allait au
théâtre, mais le théâtre qui venait au public.
Un remous de la foule pressée annonce
l'arrivée des carros. Trois chars réunis for-
ment la scène, surmontée de riches décors.
Des bœufs, aux cornes dorées, traînent les
massifs carros, qui sur leur passage écrasent

toujours quelques bonnes gens. Enfin le théâtre est dressé. Les géants exécutent leurs dernières danses.

Les balcons et les tribunes de la plaza San Salvador, les fenêtres de l'Alcazar ploient sous l'assistance la plus gracieuse et la plus opulente qu'il soit possible de rêver.

Depuis trente ans Calderon règne sur la scène sacrée. C'est un de ses quatre vingts autos qu'on représente. Toute la ville, tout le peuple, on peut dire toute l'Espagne, vibre, en ce moment, des mêmes passions, s'éprend des mêmes idées, s'alimente de la même foi. Ces âmes, fondues au feu d'une commune ferveur, formaient l'âme espagnole, inapte aux amalgames et aux fusions, d'un accord unanime et violent, fermée à l'hétérodoxie, âme originale, étrange et rude, indépendante et docile, passionnée en orientale qu'elle restait, mais chevaleresque et mystique, à la fois portée au plus exact et au plus admirable réalisme et au gongorisme le plus subtil et le plus vain.

Charles III en 1765, proscrivit les « autos sacramentales ». Comme toute institution humaine, les autos avaient-ils fait leur temps ? La décadence du genre, le rassasie-

ment du public demandaient-ils la suppression officielle des autos, comme ils avaient
provoqué chez nous, le 17 novembre 1548,
l'abolition des mystères? Je ne le crois pas.
Les « autos » pouvaient encore vivre. Mais
on sait les ridicules préventions que nourris-
sait le xviie siècle à l'égard de l'art chrétien
et des anciennes littératures nationales. Ce
fut une aberration de notre grand siècle de
n'avoir rien compris à notre architecture, à
notre poésie du moyen-âge. Dans son simple génie, Corneille puisa l'idée d'un grand
spectacle, où l'âme chrétienne serait mon-
trée sacrifiant tous les amours à l'amour
divin. *Polyeucte* déplut à Rambouillet.
Corneille essaya un autre drame. Il écrivit
Théodore, maladresse de grande âme naïve.
Puis, vaincu, il abandonna la partie, il
fallait attendre le romantisme pour avoir le
droit, en littérature, d'avouer toute son âme.

L'Espagne n'a point perdu son goût sécu-
laire pour les fêtes eucharistiques. Mais tout
se modernise et se défigure. J'ai, sous les
yeux, l'affiche imprimée à Grenade, l'an
dernier à l'occasion des fêtes du « Corpus ».
On annonce, à la suite, la procession, un
tir aux pigeons, une course de taureaux, des

illuminations à l'Alhambra et la représentation de Carmen! Carmen remplaçant les
« autos » du vieux temps ! O Calderon!

Un épisode de la Terreur. — Quatre cents
prêtres sauvés par un Comédien.

Sous la signature de M. F. Charpantier,
l'*Almanach de la Bonne Presse* de l'année
1912 a publié le récit suivant qui a sa place
toute marquée ici. Nous le reproduisons
fidèlement :

En 1793, il y avait, à Nantes, un comédien qui s'appelait Gourville, mais dont le
vrai nom était Jean Jacques Drot. Il était
né à Vincennes en 1724. Il avait donc 69 ans
lorsque le féroce Carrier vint s'établir dans
la capitale bretonne pour y accomplir ses
monstrueuses exécutions. Gros, court, d'une
humeur enjouée, il tenait à la scène l'emploi
des financiers avec une telle bonhomie que,
chaque soir, le public lui témoignait sa faveur par de chaleureux applaudissements.
Gourville avait toujours refusé les proposi-
tions que la Comédie Française lui avait

faites, préférant Nantes à Paris, attaché à ses auditeurs et dépourvu de toute ambition. Lorsque la Révolution éclata, il salua avec transport cette ère nouvelle qui, selon lui, devait émanciper le théâtre. Grâce à son civisme, il fut nommé capitaine d'une compagnie de la garde nationale. Ce fut en cette qualité qu'il combattit dans les rangs républicains contre l'armée de Cathelineau, lorsque celle-ci mit le siège devant la ville.

Cependant son cœur d'honnête homme répugnait à toutes les atrocités commises par les révolutionnaires.

Le hasard l'avait amené le 15 août, sur la place du Bouffay. Un cri d'horreur lui échappa en présence de tant d'exécutions barbares et ce cri fut compris par le peuple. Gourville rentra dans sa demeure de la rue Jean-Jacques Rousseau, où Goulin l'attendait. En apercevant le visage bouleversé de Gourville, Goulin partit d'un éclat de rire et lui dit à brûle pourpoint: «Apprends, mon vieux financier, que j'ai imaginé une fête chrétienne pour la nuit prochaine!» Et comme l'acteur attendait qu'il s'expliquât: «Oui, une fête splendide. Il y a dans les magasins de l'entrepôt quelques centaines de calotins auxquels je veux faire brailler des oremus, pendant que de jolies Vendéennes danseront court vêtues pour divertir les patriotes. »

— « Quels sont ces prêtres? » demanda Gourville.

— « Des misérables qui n'ont pas prêté serment à la Constitution, des fanatiques qui, transportés ici de la Vendée, de l'Anjou, de la Loire-Inférieure, doivent s'embarquer pour l'exil; mais ils pourraient bien demain aller réciter leur bréviaire au fond de la Loire.

Après quelques secondes de réflexion douloureuse le comédien releva la tête et dit :

— « Je vais t'accompagner ! » — « A ton aise, » fit Goulin, « mais tu es de garde demain, et tu ne pourras pas assister à ce joyeux spectacle, car ce n'est point le poste du château que tu dois occuper. » Tous deux se rendirent alors au Club. Quand ils pénétrèrent dans la salle, les amis de la Nation avaient déjà conçu un plan différent qui venait d'être accepté. Les 400 prêtres parqués dans les cours du château ne s'embarqueraient pas pour la déportation. Un complot imaginaire devait les livrer à la populace comme coupables d'avoir voulu égorger leurs geôliers, incendier la ville et massacrer les vrais patriotes. Le mot d'ordre était donné à la troupe des Marat qui se présenterait au pont-levis de la citadelle, le ferait baisser et pourrait ensuite travailler à loisir.

Gourville a tout entendu, tout compris. Saisi d'horreur, il court chez le capitaine chargé de la garde du château, obtient facilement de changer de poste avec lui et, quelques heures plus tard, attend derrière la porte de fer, l'épée à la main, que les révolutionnaires arrivent pour perpétrer le forfait qu'ils ne craignent point d'appeler un acte de justice nationale. Le secret n'avait pas transpiré. Les gardes-nationaux eux-mêmes ignoraient ce que leur capitaine allait oser faire, de même qu'ils ignoraient la décision du Club. Gourville, alors, s'avance vers les ecclésiastiques confiés à son honneur. Malgré son air jovial, sa figure enluminée, Gourville sentait battre noblement son cœur sous sa défroque de comédien. Il lit sur toutes ces faces angoissées les combats intérieurs dont les malheureux prêtres sont douloureusement agités. Laissons-les prier, se dit-il; c'est ainsi qu'ils conspirent. Vers 11 heures du soir, une immense clameur éclate dans

les rues avoisinant le château. On entend
la Marseillaise et le Ça ira se mêler aux
hurlements des sans culottes.

Le moment décisif est arrivé. « Aux armes,
citoyens ! » s'écrie l'acteur.

Et brièvement, il met ses soldats au cou-
rant de ce qui se passe. Un hourra d'approbation s'échappe de toutes les poitrines. Et
Gourville, sûr de l'appui de ces braves gens,
continue par ces mots : « Le peuple est aveu-
glé, il croit à un complot. Lorsqu'il sera
désabusé, il nous saura gré de lui avoir
épargné un crime. Allons, mes enfants, le
théâtre va protéger l'autel, c'est ce qu'on
nomme de la bonne et franche égalité ! » A
peine ces paroles sont-elles prononcées,
qu'une femme se jette en avant de la foule,
une pique en main et un bonnet rouge sur
la tête.

— « Baissez le pont-levis, » s'écrie-t-elle ;
« la prêtraille cachée derrière ces murs veut
nous massacrer cette nuit. Vengeance, vengeance ! »

— « Je n'ai le droit de baisser la herse que
sur un ordre du maire, » répond Gourville,
« as-tu cet ordre, citoyenne ? » La populace demeure interdite en face de cet obstacle

qu'elle n'a point prévu. Goulin, qui est présent, s'avance pour parlementer. Sa voix tremble de colère. Il insiste, menace le comédien ; rien n'y fait.

Laissons parler ici Crétineau-Joly. La page est superbe, c'est un tableau tracé d'une façon magistrale :

« Un frémissement de rage, qui se communique comme un mouvement électrique à cette foule béante, arrêtée dans ses rêves de sang par un vieillard, couvre aussitôt la voix du comédien. Les pierres, les injures s'échappent au même instant, de toutes ces mains, de toutes ces bouches. On le poursuit de menaces, on l'accable d'imprécations. Gourville sans proférer un mot, contemple cette tempête qu'il a soulevée, puis, se promenant, les bras croisés sur la poitrine, au milieu de ses compagnons, que son courage soutient, que rassure sa physionomie, aussi joyeux, aussi placide que sur la scène :

« Quand ils verront, » dit-il, « que leurs dents ne peuvent mordre aux murailles de granit qui les séparent de tant de pauvres curés, les camarades baisseront l'oreille et nous laisseront le champ libre. » Les pauvres diables de curés, ainsi que le comédien les

appelait, avaient entendu les cris de mort.
« Citoyen, » dit l'un d'eux, « le peuple demande nos têtes ; de quel nouvel attentat
sommes-nous donc accusés ? »

« J'en sais un peu plus long que vous, Monsieur l'Abbé, sur le complot que l'on ourdis-
sait au nom de vos confrères et au vôtre. Si
vous n'avez jamais conspiré que de cette
façon, ce n'est pas vous que je plains : c'est
le peuple, abusé par des hommes coupables.
Achevez vos prières, Messieurs, la nation
est grande et juste, elle veille sur vous ;
j'espère maintenant, avec l'aide de mes braves camarades, pouvoir tous vous sauver. »

Le comédien ne se trompait pas. La colère
des masses se dissipe très vite, faute d'ali-
ments. Gourville voit se disperser les grou-
pes révolutionnaires. Il les entend blasphé-
mer, le menacer de l'échafaud... mais loin
d'être troublé par ces imprécations, il mène
à bonne fin sa sublime entreprise. Au nom
de la république, il enjoint au commandant
du port de tout faire préparer pour l'embar-
cation des prêtres qui doivent être exilés sur
les côtes d'Espagne. L'autorité municipale,
prévenue, arrive en toute hâte. Le comédien
raconte ce qui s'est passé. Il dit qu'il a exé-

cuté sa consigne, en refusant l'accès du
château à Goulin, qui voulait y pénétrer
sans un ordre écrit du maire. « Eh bien, »
s'écrie Goulin, pris au piège, « que les calotins
aillent crever en Espagne ; nous serons déli-
vrés de leur présence impure. Mais, une
autre fois, je saurai mieux prendre mes
mesures. » Alors, fort de cette adhésion, le
vieil acteur entre dans la cour où sont les
quatre cents prisonniers et leur dit avec respect : « Messieurs, les navires vous attendent ;
dans une heure vous serez libres ! »

« L'un des prêtres s'avança vers lui, » écrit
encore Crétineau-Joly ; « ses mains tremblan-
tes pressent dans une étreinte de reconnaissance les mains de leur libérateur. Les autres
l'entourent, le saluent de leurs hommages,
le chargent de leurs bénédictions.

Assez, Messieurs, ajoute l'acteur, assez de
témoignages d'affection. Le temps est pré-
cieux ; il ne faut pas le perdre en démonstra-
tions inutiles. La mort plane encore sur vos
têtes ; mais une fois hors de péril, ce n'est
plus la mort, ce sera la misère qui vous dé-
cimera. J'ai pensé, Messieurs, que les épar-
gnes d'un vieillard seraient acceptées par
vous comme un prêt qui me portera bonheur.

Je vous offre tout ce que ma modeste fortune peut me permettre de vous offrir. Vos prières me tiendront lieu d'intérêts.

— Et à qui, monsieur, s'écrient ces pauvres prêtres, devons-nous tant de bienfaits? Quel est le nom de notre sauveur? — Gourville, le comédien Gourville du théâtre de Nantes. A cette révélation inattendue, les prisonniers font un mouvement de surprise. Le comédien comprend leur scrupuleuse délicatesse, puis : partons, dit-il, l'heure presse. A une autre fois la reconnaissance et les bénédictions pour le pauvre artiste. Il place aussitôt au milieu de ses soldats les quatre cents prêtres qui cheminent vers l'exil, sans ressources, riches seulement de leur foi et du petit trésor que le comédien les a forcés à accepter. Le cortège arrive à la cale du port, à travers une grêle de pierres. Les prêtres montent sur les embarcations qui leur sont destinées. Quelques heures après, ils étaient en pleine Loire, loin de Nantes, sauvés par conséquent. »

L'héroïque comédien rentra chez lui heureux d'avoir si bien rempli sa journée. Et le soir, lorsqu'il parut sur la scène du théâtre, des applaudissements nourris firent taire les sifflets dont on voulait l'accueillir. Gourville, qui en avait vu bien d'autres, laissa passer l'orage... La Révolution l'oublia, il ne fut pas puni de sa noble action. C'est ainsi qu'il vieillit encore, toujours bon, toujours gai, toujours applaudi par ses concitoyens. Il mourut le 28 novembre 1800, âgé de 74 ans; mais il mourut en chrétien, et ses dernières paroles furent : « J'ai fait une bonne action dans ce monde; je vais voir si elle me portera bonheur dans l'autre. »

Est-il rien de comparable au dévouement de cet acteur, qui fit le sacrifice de sa vie pour conserver à l'Eglise ses ministres ? C'est assurément un des plus beaux traits de l'histoire vendéenne.

Un père Jésuite joué à l'Odéon [1].

Rassurez-vous ! Ce n'est pas prochainement que se produira, sur la scène de notre second Théâtre-Français, un événement qui pourrait être le signe d'un retour offensif du cléricalisme. Et le Grand-Orient n'aura pas

---

1. Article paru dans *l'Univers* du 28 septembre 1913.

à fulminer contre M. Antoine, qui serait homme d'ailleurs à s'en moquer, s'il avait découvert parmi les écrits des Révérends Pères quelque œuvre qu'il jugerait digne de son intérêt.

Non. Il s'agit d'un événement qui s'est passé en 1812 ; le théâtre de l'Odéon s'appelait alors le Théâtre de l'Impératrice. Et Alexandre Duval le gouvernait.

Le 3 janvier de cette année 1812, en effet, ce théâtre s'ouvrit pour la représentation d'une comédie en vers intitulée *Conaxa*. L'affluence, par extraordinaire, était énorme. Et plus extrordinaire encore était l'aspect de la salle, ce soir-là.

La plupart des spectateurs tenaient, sur leurs genoux, deux brochures ouvertes. De temps à autre, à mesure que les acteurs débitaient leurs textes, ces spectateurs zébraient de coups de crayons les pages de l'une et l'autre brochure. Puis c'étaient des cris, des trépignements, des bravos à la fois de triomphe et d'ironie.

Et voici quelle était la cause du singulier aspect de cette salle tout enfiévrée par la représentation de *Conaxa* ou *Gendres Dupés*.

On se flattait de convaincre de plagiat,

d'après cette œuvre d'un Père Jésuite, Charles-Guillaume Etienne, chef de division de la
police, dont les attributions spéciales étaient
la censure générale de l'imprimerie, de la librairie, des théâtres et des journaux, auteur
des *Deux Gendres*, dont la vogue ne faiblissait pas, depuis plus d'un an, et élu membre
de l'Académie française à trente-quatre ans,
précisément au lendemain du succès de cette
comédie, en cinq actes et en vers.

C'est à cet Etienne que le village de Chamouilley, dans la Haute-Marne, va élever un
monument, dimanche prochain, avec discours de M. Jules Claretie, délégué par l'Académie française, et de M. Robert de Flers,
président de la Société des Auteurs dramatiques.

Il y avait donc un an environ que durait
la vogue des *Deux Gendres*. Même trente
ans après, Sainte-Beuve ne craignait pas de
dire que c'était la meilleure comédie en cinq
actes et en vers que l'on eût donnée sous le
premier Empire. Cette œuvre avait élevé
Etienne, dans l'opinion de son temps, au
rang d'héritier presque direct de Molière.
Et Napoléon, tout fier de pouvoir, en cela
aussi, reprendre les traditions de Louis XIV,

avait fait, au Molière de son règne, l'honneur d'une représentation spéciale de son chef-d'œuvre, devant sa cour, à Saint-Cloud. Etienne marchait donc en pleine gloire.

Tout à coup, vers la fin de 1811, sur les boulevards, dans les cafés, — c'étaient les salles de conférences de ce temps-là, — dans les théâtres, au Palais-Royal, on commença à chuchoter : « Vous savez, cette pièce en cinq actes en vers, ce phénix de la haute comédie qui a valu à Etienne tant de profits et d'applaudissements, il paraît qu'il n'en est pas véritablement l'auteur. — Pas possible ? — Mais si. On dit qu'il l'a copiée, ou au moins imitée. Enfin il l'a prise on ne sait où.

C'était une telle aubaine dans la foule de rabaisser le mérite d'un personnage glorieux, et Etienne, dans ces fonctions de censeur général, s'était attiré l'animosité de tant de journalistes, de tant d'auteurs dramatiques, de tant d'écrivains réduits à végéter, que l'on fut trop heureux de le prendre en faute. La malignité générale s'empara de ces rumeurs, les colporta, les grossit. On ne parlait que du plagiat de M. Etienne. Si on voyait, au Palais-Royal ou sur les Boulevards, un groupe discuter avec animation, on était sûr, en s'en approchant, que c'était le cas de M. Etienne.

Les journaux ne purent demeurer étrangers à la querelle. Hoffmann prit la défense de l'auteur incriminé. On lui riposta. Il y eut des pamphlets que les camelots criaient à travers les rues. Demandez: La réponse à M. Hoffmann. Vives escarmouches avec Hoffmann. Les gouttes d'Hoffmann. La Lettre d'Alexis Piron à M. Etienne. Lettre de Nicolas Boileau. L'Etiennéide. La Stéphanéide. Le Martyre de Saint-Etienne... L'ensemble des libelles écrits pour ou contre l'auteur des *Deux Gendres* ne ferait pas moins que la matière de deux gros volumes, à en croire les historiens de cette émeute littéraire.

Etienne, cependant, fut bien obligé de rompre le silence qu'il opposa tant qu'il put à ce furieux orage. Un personnage bien oublié aujourd'hui, et qui fut un fournisseur abondant, sous la Révolution, de pièces dites patriotiques, Lebrun-Tossa, le contraignit surtout à s'expliquer. Ce fut lui qui désigna l'œuvre qu'Etienne était accusé d'avoir copiée.

Il raconta qu'il lui était tombé sous la main,

en fouillant de vieux papiers à la Bibliothèque Impériale, un manuscrit provenant de la bibliothèque du duc de La Vallière. Ce manuscrit était celui d'une pièce écrite par un père jésuite, qui ne l'avait pas signée, et qui l'avait fait représenter au collège de Rennes, en 1720.

D'après ce manuscrit du religieux anonyme, Lebrun-Tossa avait construit un scénario qu'il avait soumis à Etienne, en vue d'une collaboration. Il n'était donc pas étonnant qu'il y eût tant de ressemblances entre *Conaxa* et les *Deux Gendres*.

Etienne, dans sa réplique, reconnut l'exactitude des faits énoncés par Lebrun-Tossa. Mais il établit que leur projet de collaboration n'avait pas eu de suite, qu'il avait écrit une bonne partie de sa pièce lorsqu'il était en Pologne, fort loin, par conséquent, de Lebrun-Tossa, que le Père jésuite anonyme n'était pas l'inventeur du sujet de sa comédie, que ce sujet était au vieux fabliau du moyen-âge, que Piron en avait tiré pour son compte *Les Fils Ingrats,* et qu'il n'avait fait qu'utiliser, lui, une situation qui était dans la réalité, aussi bien que dans des œuvres antérieures.

L'opinion ameutée n'en exigea pas moins la représentation de l'œuvre du Père jésuite, afin que chacun fût à même de juger dans quelle mesure Etienne avait été ou non original.

Alexandre Duval consentit d'autant mieux à cette épreuve qu'Etienne, grâce aux *Deux Gendres*, venait de l'emporter sur lui à l'Académie.

Vérification faite, au lieu des centaines de vers que l'on accusait Etienne d'avoir empruntés au Père jésuite, il s'en trouva une douzaine qui avaient entre eux assez de ressemblance.

Saint-Roman.

Madame Sarah-Bernhardt et Monseigneur Sibour.

Dans une conférence donnée à l'Université des Annales, Madame Sarah-Bernhardt raconta l'histoire de sa vocation théâtrale.

Le Temps, sous la signature de M. Emile Henriot, donna un compte-rendu de cette conférence dont voici un extrait :

« La première idée qu'elle eut du théâtre,
ce fut au couvent qu'elle la prit ; au couvent
de Grand-Champs, à Versailles, où elle passa
une partie de son enfance. On n'a pas oublié
la jolie description qu'elle en a tracée dans
un des premiers chapitres de ses Mémoires.
C'est par un malicieux contraste du hasard,
à l'occasion d'une visite de Mgr Sibour, archevêque de Paris, au couvent de Grand-
Champs, qu'elle fit la première rencontre
avec la scène et le public. Mgr Sibour vint
à Grand-Champs le jour de la Sainte-Cathe-
rine ; et pour célébrer dignement la venue du
prélat, il fut décidé par la supérieure que l'on
donnerait une fête, qui serait suivie d'une
petite pièce en trois tableaux, spécialement
écrite par une des sœurs de la maison, sur
l'histoire de Tobie : *Tobie recouvrant la vue.*
Or, mademoiselle Sarah-Bernhardt eut la
grande douleur de ne se voir distribuer aucun rôle : elle avait trop peur quand elle ré-
citait ses leçons. Toutefois, elle ne put s'em-
pêcher, voulant « en être », tout de même,
de si loin que ce fût, de prendre une grande
part à l'organisation de ce spectacle, si nouveau pour elle. Et la petite Sarah, à force de
faire répéter leur rôle à ses jeunes amies,

finit par savoir elle-même la pièce toute entière. Ce qui lui permit, à son grand enthousiasme, de remplacer au pied levé, lors de la première représentation de *Tobie recouvrant la vue* une de ses camarade chargée de la « part », — au couvent on ne dit point rôle, on dit « part », qui est moins profane — de la « part » de l'ange Raphaël : cette jeune personne s'était évanouie de terreur à l'idée de paraître et de réciter devant Monseigneur. C'est ainsi que mademoiselle Sarah-Bernhardt fit ses premiers débuts... Mgr Sibour la remarqua.

Mademoiselle Sarah-Bernhardt, née d'une mère israélite et d'un père catholique, n'était point encore baptisée : elle devait l'être au printemps qui allait suivre. Mgr. Sibour promit qu'il reviendrait pour la cérémonie, et mademoiselle Sarah en conçut un orgueil extrême, qui se changea en affliction profonde quand elle apprit, à quelque temps de là, la mort épouvantable de l'archevêque, assassiné en pleine église Saint-Etienne du Mont, un matin de Janvier 1857, par un prêtre interdit, l'abbé Jean Verger.

Le Service Solennel de Requiem célébré à Saint-Roch le 17 février 1922 à l'occasion du Tricentenaire de Molière.

Pour des raisons que j'ignore, le Service Solennel de *Requiem* pour le repos de l'âme de Molière eut lieu à Saint-Roch et non à Saint-Eustache comme il en avait été primitivement question.

Ce fut vraiment une éclatante « réparation piquante et instructive » du refus de la cérémonie religieuse de 1673.

« Ce fut à la fois solennel et intime, officiel et familial — pouvait-on lire dans le *Gaulois* du 18 février. — La présence d'une délégation de l'Académie Française ajoutait encore à cette cérémonie le sentiment de réparation que l'Académie comme l'Eglise se devaient d'apporter à la mémoire de Molière. Depuis hier, il ne manque plus rien à sa gloire. Les dix premiers rangs ont été réservés à la Comédie-Française. M. Emile Fabre, administrateur général est là, tout le personnel de l'Administration, enfin les sociétaires et les pensionnaires. La messe fut dite par le P. Sertillanges, membre de l'Institut. La cérémonie à peine achevée, M. Georges Le Roy, qui fut l'âme de cette grandiose manifestation, présentait à Mgr Roland-Gosselin MM. Albert Lambert, Jules Truffier, Félix Huguenet et Paul Numa. L'évêque auxiliaire de Paris, en quelques paroles émues, félicita les enfants de Molière en exprimant sa joie d'avoir été appelé à représenter son Eminence le cardinal Dubois, qu'un engagement formel avait seul empêché de présider la cérémonie.

Cependant que l'église se vide peu à peu, deux petites sœurs des pauvres à genoux sur leur prie-Dieu depuis le début de la cérémonie, continuent leurs prières. Leurs deux grandes ailes blanches immobiles se détachent sur la pierre grise... Ce sont les arrière petites-filles de ces petites sœurs des pauvres que Molière logeait gracieusement chez lui quand elles venaient quêter à Paris, de celles qui lui avaient fermé les yeux à son agonie, de celles enfin qui avaient pleuré sur son cercueil. »

Une cérémonie intime, discrète et émouvante a suivi la messe de *Requiem*. Pendant que la foule se dispersait, trois automobiles qui stationnaient rue Saint-Roch ont emmené MM. Albert Lambert, Jules Truffier, Georges Le Roy, madame Berthe Cerny, sociétaires; M. Paul Numa, pensionnaire et M. Emile Girard, membre du personnel de la Comédie-Française. Un prêtre ami les accompagnait. Devant la tombe de Molière, au Père Lachaise, le cortège s'arrêta et tandis qu'on y déposait la grande croix offerte au maître par ses enfants, le prêtre récita les prières pour les morts et donna une bénédiction.

Quelques jours après, le P. Sertillanges adressait à M. Georges Le Roy, la lettre suivante :

Monsieur,

« J'ai gardé un très agréable souvenir de notre rencontre dans l'art et dans la prière. Votre organisation a été parfaite et, si je ne me trompe, la satisfaction générale.

« Vous avez prouvé à la foi et à l'art dramatique l'occasion de suggérer qu'ils ne sont pas des ennemis et que, sous certaines conditions à vrai dire délicates, leur collaboration pourrait être féconde.

« Molière a-t-il toujours rempli ces conditions ? Ses amis les plus chauds ne le prétendraient pas ; son œuvre est mêlée, ses principes discutables. Mais la prière n'est pas exigeante et la beauté donne toujours espoir que ses inspirations serviront au bien. Le génie, à un certain degré, est frère de la vertu. S'ils paraissent pour un temps ennemis, il arrive que leurs postérités se rejoignent. Certains signes donnent à penser que cette heureuse conjonction, en ce qui concerne votre art, n'est pas uniquement un rêve. Si elle se produisait, qui peut douter que l'auteur du *Misanthrope* y eut part ?

« Bourdaloue et Bossuet, ces rudes censeurs d'hier, auraient alors raison de se radoucir ; le temps et l'événement le leur persuaderaient. Et quant à l'Eglise, j'imagine qu'elle ne serait pas plus sévère à Molière qu'elle ne le fut aux gens païens, et qu'à sa prière pour l'homme, elle joindrait alors un applaudissement pour ce qu'il y eut dans l'œuvre d'enseignements profitables et de gloire désormais unie à celle de son Dieu. »

A. D. Sertillanges,
Membre de l'Institut.

Un Oberammergau Français. — Le Théâtre de la Passion à Nancy.

« Qui n'a entendu parler de ces fameuses représentations à la fois religieuses et théâtrales, qui, tous les dix ans, attirent une foule innombrable, vers la petite ville bavaroise d'Oberammergau ? Instituées en 1633, par un vœu de piété populaire, pour obtenir du ciel la fin d'une épidémie de peste qui ravageait alors terriblement la contrée, elles se poursuivirent ensuite — le miracle accompli, c'est-à-dire le fléau disparu — en témoignage de reconnaissance, de générations en générations, jusqu'à nos jours. Uniquement inspirées, à l'origine, d'une dévotion mystique et quelque peu farouche (ces représentations eurent lieu pendant deux cents ans, sur le terrain même du cimetière), elles changèrent sensiblement de caractère au commencement du XIXe siècle. Tout en respectant la tradition essentielle des scènes de la passion interprétées par les aborigènes, elles parurent subordonner l'accomplissement de l'acte de foi initial des ancêtres à un

intérêt plus profane, quoique, au demeurant,
fort légitime. Le « Passionsspiel » organisé
à Oberammergau, n'était plus seulement, en
effet, une édifiante coutume locale, mais un
spectacle original qui sollicitait déjà la curio-
sité publique même en dehors du Tyrol bavarois. La municipalité n'eut pas de peine à
prévoir le parti qu'elle en pourrait tirer au
bénéfice de ses administrés. Vers 1840, elle
fit édifier, à proximité du bourg, un véritable
théâtre destiné à abriter les représentations
décennales, dont elle escomptait, avec juste
raison, une source de revenus intarissable
pour le pays. De fait, à partir de cette époque, les habitants d'Oberammergau ne vé-
curent plus que pour la préparation ou la
célébration de leurs fêtes. L'œuvre devint
une affaire et, grâce à une ingénieuse publicité, une foule innombrable de visiteurs
étrangers ne manqua pas de venir, aux dates
révolues, de tous les points du continent,
voire d'outre-mer, assister aux séances dra-
matico-religieuses du pittoresque village
tyrolien.

Ce fut pour lui la fortune. Sur l'excédent
seul des bénéfices, il put s'offrir le luxe de
constructions nouvelles, de fondations chari-

tables, d'hôpitaux, d'hôtels, de canalisations,
etc... Songez qu'à la dernière représentation,
en 1910, les recettes s'élevèrent à plus de
deux millions. Bref, outre son pieux objet, le
« Passionsspiel » atteignit un vrai succès
commercial. C'est ce qu'avait pu constater
de visu un excellent prêtre lorrain qui se
trouvait en 1900 parmi les spectateurs d'Oberammergau. M. l'abbé E. Petit était curé
d'une paroisse pauvre et populeuse, dans un
faubourg de Nancy, situé au delà de la gare,
aux environs du monument commémoratif
qui marque le lieu où fut retrouvé après la
bataille de 1477, le cadavre de Charles le
Téméraire, étreint par les glaces d'un étang.
Sur l'emplacement de cet étang desséché,
s'élève aujourd'hui un quartier qui, depuis
la guerre franco-allemande, n'a cessé de
s'accroître et qui compte actuellement plus
de quinze mille âmes. Or ce quartier n'avait
pas d'église et l'ambition du bon curé était
de lui en donner une. Il en avait même
commencé la construction, depuis quelques
années, avec ses ressources personnelles,
avec le fruit des dons ou des quêtes qu'il
avait pu recueillir. Mais il était loin du but !
La nouvelle église de Saint-Joseph ne s'éle-

vait pas bien haut encore. Et les subsides s'épuisaient déjà ! Et les dettes s'accumulaient ! C'est alors que le spectacle d'Oberammergau fut, pour l'abbé Petit une sorte de révélation. Ce qui avait si bien réussi à des paysans allemands ne pouvait-il être réalisé par des chrétiens de France ? Bâtir une église, n'était-ce pas faire œuvre pie et ses fidèles paroissiens ne seraient-ils pas capables, eux aussi, d'interpréter dignement le drame sacré au profit de cette œuvre ? Il n'en douta pas et se mit aussitôt en campagne. Sur un terrain longeant son presbytère, il fit édifier une vaste salle recouverte de bâches rustiques. Une scène y fut dressée, des décors y furent plantés, une troupe d'acteurs bénévoles y fut réunie. Et bientôt, grâce au zèle infatigable de l'abbé Petit, le théâtre lorrain de la Passion était fondé. On l'inaugure le 29 mai 1904. Le résultat fut immédiatement si probant qu'on ne craignit pas d'en renouveler exceptionnellement la tentative l'année suivante.

Pendant cette période d'essai, plus de 120.000 spectateurs étaient venus, la recette avait été fructueuse et non seulement le digne curé de Saint-Joseph se voyait en mesure d'achever son église, mais il pouvait encore se flatter d'avoir pu faire, de l'organisation d'abord provisoire de son théâtre, une entreprise florissante et durable, un Oberammergau français. Les représentations de la deuxième série régulière — de la seconde décennale — de ce spectacle ont été ouvertes, cette année, le jour des Rameaux et se poursuivront chaque dimanche et à certains jours de la semaine, jusqu'à l'automne.

Elles se donnent, maintenant dans une salle complètement modifiée, simple encore, mais irréprochablement confortable, recouverte d'une toiture métallique, éclairée par de larges baies vitrées et pouvant contenir, sur les différents sièges qui s'échelonnent en plan incliné de l'orchestre au fond du bâtiment, plus de deux mille spectateurs. La scène est divisée en deux parties. Sur toute la largeur de l'édifice, c'est-à-dire sur près de vingt-cinq mètres, est aménagé, d'abord, un proscenium figurant dans l'ensemble une place publique de Jérusalem et représentant, de chaque côté, par son décor, deux ruelles qui y débouchent sous des arches pittoresques, contiguës à deux petits palais ornés

de galeries où se pressent, à certaines
scènes, de nombreux personnages et au-
dessous desquelles sont ménagées deux
issues réservées aux évolutions des chorégies
qui, d'acte en acte, doivent commenter
ou célébrer les divers épisodes du drame
sacré. Puis, au milieu, un autre décor, affec-
tant la forme d'un portique à fronton grec,
ouvert ou fermé, selon les besoins, par un
rideau, constitué comme un second théâtre
enclavé dans le premier, où se déroulent les
scènes d'une figuration délicate ou compliquée et, en particulier, les merveilleux tableaux vivants qui mériteraient, à eux seuls,
un long et élogieux commentaire.

Voilà le cadre. Quant à la pièce qui s'y
joue, je crois superflu de l'analyser. C'est
« le grand drame » comme disait Bossuet.
C'est l'événement qui a le plus remué l'humanité et autour duquel, après maints siècles écoulés, gravitent encore tant de pensées et tant de cœurs ! Le thème essentiel
du livret — établi d'après les Livres saints,
avec le plus grand souci d'en respecter les
expressions consacrées et d'en traduire aussi
simplement, aussi exactement que possible,
le sens et la portée mystiques, — suit donc,

d'abord, dans la relation évangélique, les traces du Christ depuis son entrée à Jérusalem jusqu'à sa résurrection.

Ce sont là, en effet, les scènes de la Passion proprement dites. Mais la Passion, qu'est-ce aussi pour les croyants, sinon l'accomplissement des prophéties de l'Ancien Testament, la réalisation des promesses divines par le Messie, l'apothéose de la religion chrétienne ? Et c'est pourquoi chaque épisode de la vie du Christ en ses heures tragiques est commenté par d'ingénieux tableaux vivants qui en évoquent tour à tour, soit par analogie, soit par antithèse, le souvenir ou la vision bibliques. En sorte que, finalement, la pièce est moins un drame qu'un dogme, moins une succession de faits qu'une idée générale développée à travers de multiples péripéties.

On comprend qu'un tel spectacle puisse être d'assez longue durée. Il se prolonge, en effet, durant plus de cinq heures.

A l'instar d'Oberammergau, ses interprètes ont été recrutés exclusivement parmi les autochtones, je veux dire parmi les ouailles de la paroisse Saint-Joseph de Nancy. Mais la suprême habileté de M. l'abbé Petit n'a

pas été tant de savoir tirer parti de leurs
dons naturels ou de leurs aptitudes acquises
que d'avoir réussi à les associer étroitement
à son œuvre par d'irrécusables témoignages
d'un dévouement aussi enthousiaste que dé-
sintéressé. Car il faut le dire bien haut,
pour marquer la différence qui existe entre
les deux institutions : tandis qu'à Oberammergau tous les interprètes, même les enfants, reçoivent, pendant une série de représentations, des appointements qui varient
de cinquante à quinze cents marks (l'interprète du rôle du Christ a touché, à lui seul,
plus de deux mille marks lors de la dernière
décennale), et que le village bavarois vit tout
entier de son théâtre, tirant de mille façons
profit de ses visiteurs, aucun des interprètes
du théâtre de Nancy ne reçoit la moindre
rémunération et tous les bénéfices de cette
entreprise sont attribués, sans exception, à
des œuvres de piété ou de charité.

La plupart des collaborateurs du bon curé
de Saint-Joseph appartiennent, cependant,
aussi aux plus modestes classes sociales. Ce
sont de petits employés, des artisans, des
ouvriers ou des ouvrières qui, pendant de
longs mois, consacrent leurs moindres loisirs

à l'étude du rôle, à l'exécution du travail que leur a confié l'abbé Petit. Et ils n'ont même pas l'espoir de compenser leurs sacrifices par une simple satisfaction d'amour-propre, leurs efforts devant rester anonymes. Alors qu'en Bavière on a fait beaucoup de tapage autour des vedettes et qu'on y peut voir, entre autres, le « Christ » vendre lui-même sa biographie ou ses autographes, la personnalité réelle des acteurs du théâtre lorrain, si importants qu'ils soient, reste ignorée du public. Aucun nom patronymique ne figure sur les programmes. Et, pourtant, que d'anecdotes charmantes, que de traits touchants on pourrait recueillir sur ces braves gens ! On me contait ainsi que M. Kocher, qui interprète avec beaucoup de dignité, à Nancy, le rôle du Sauveur, est employé dans une grande usine de la ville et fidèle paroissien de M. l'abbé Petit. En 1904, il tenait déjà ce rôle et, au cours des répétitions, il avait remarqué la pieuse jeune fille chargée de représenter le personnage de la Vierge. Il l'aima, il l'épousa et, aujourd'hui, c'est à ce couple modèle que revient encore la tâche des plus lourdes, des deux plus délicates interprétations du drame sacré.

Ah ! certes, il ne faut pas attendre de ces
acteurs improvisés ce qu'on exige de comédiens professionnels. Il n'y a, dans leur jeu,
ni grand art, ni grande expérience, ni surtout — et heureusement — trace du cabotinage. Mais ce qui est admirable, c'est
qu'avec des moyens assez rudimentaires ils
puissent atteindre aux plus puissants effets
d'émotions. L'explication en est peut-être
très simple : c'est que tous ces interprètes
sont des croyants. Ils ne considèrent pas
seulement leurs rôles, et la pièce tout entière, à un point de vue artistique ou pittoresque. Ils y voient leurs croyances exaltées,
leurs mystères proposés à l'admiration des
foules ; ils en escomptent encore plus l'influence morale que le résultat matériel ; ils
sont devenus des apôtres, comme l'abbé
Petit ; ils accomplissent un acte de foi.

« On pourrait dire ici la messe », remarquait le cardinal Mathieu, présent à l'une
des représentations en 1904. En effet, l'ambiance du théâtre de La Passion est tout
imprégnée d'une atmosphère religieuse.
Encore que le fondateur — qui en est, à la
fois, l'imprésario, le régisseur, le metteur
en scène, le costumier, etc., ait fait appel à

toutes les ressources de l'art ou de l'indus-
trie les plus modernes, l'impression générale
qui s'en dégage n'a rien de profane, encore
moins d'offensant pour les âmes les plus rigi-
des. Détail significatif : on n'applaudit pas
pendant les représentations, pour marquer
que ce n'est pas un spectacle ordinaire. Et
l'on en a pourtant envie plus d'une fois devant la majesté harmonieuse des ensembles,
l'intensité dramatique des scènes, l'éclat et
la variété des décors ou des costumes, le
charme de la musique qui, soit inspirés de
chefs-d'œuvre ou de maîtres anciens, soit
dus à des artistes de nos jours, constituent,
en résumé, un spectacle d'un relief saisis-
sant, d'une émotion intense et qui démontre,
en même temps, à quel prodigieux succès
peut atteindre une volonté énergique mise
avec un goût rare au service du Beau et du
Bien.

(*Annales Politiques et Littéraires,*
3 mai 1914).

A SAINTE-ANNE D'AURAY

Un Oberammergau en Bretagne [1].

C'est à Sainte-Anne d'Auray, où j'étais
venu voir le grand pardon annuel, que cette
affiche attira mon attention :

THÉATRE BRETON
Aujourd'hui 27 Juillet, à deux heures.

NICOLAZIC
mystère breton

Incrédule, je m'approchai. On m'avait bien
parlé d'un théâtre local, mais je redoutais
quelque bluff à l'usage des touristes. Et je
cherchai d'un œil méfiant le nom des auteurs,
du costumier, du marchand de programmes,
ainsi que des vedettes et étoiles de toute
grandeur. Mais... je ne trouvai rien. Sancta
simplicitas !

... L'heure du spectacle était proche, et
des paysans bretons, dans le costume tradi-

1. Article paru dans *Comedia* (Août 1913).

tionel particulier à leur commune, prenaient
sans hâte leurs places, que nul marchand de
billets ne venait leur offrir « moins chères
qu'au bureau ».

... Ma foi, je me décide, et j'aborde la pré-
posée, une Bretonne en coiffe.

— Combien vos billets ?

— Prenez des secondes à deux francs, ce
sont les meilleures, me confie-t-elle avec
une candeur qu'on souhaiterait à ses confrères de Paris. « Les premières, les réservées,
c'est bon pour les gros bonnets, mais on y
voit moins bien ! »

Et la brave femme me remet un carton,
où je lis un avis interdisant :

1° De causer à haute voix.

2° De se lever.

3° De fumer pendant le spectacle.

Ce règlement simpliste, oublieux d'Aristote, néglige le « chapitre chapeaux » fémi-
nins. Doit-on, ne doit-on pas les ôter à première injonction ? Décidément, nous sommes
loin des modistes de la rue de la Paix !

Je traverse un jardin et j'arrive au théâtre,
construit au milieu d'un champ. Des escaliers
en planches mènent aux diverses places, in-
diquées de façon très apparente. Pas d'ou-

vreuses, pas de vestiaire, pas de placeuses, pas de petits bancs ! C'est l'âge d'or !

Je gagne ma place. La salle, aux gradins de bois, est déjà pleine d'un public de prêtres, de paysans et de paysannes, venus à Auray en pèlerins ; enfin, de quelques rares touristes.

Il y a, non pas une scène, mais trois, celle du centre encadrée de deux balcons qui la séparent des scènes latérales.

Mon voisin, un missionnaire barbu, qui ressemble à Tristan Bernard, consent à me renseigner avant que le rideau s'ouvre.

— L'auteur ? l'abbé Le Bayon, à la fois promoteur de l'entreprise, directeur du théâtre et metteur en scène. *Nicolaʒic ?* Un mystère en vers — en très beaux vers bretons. — Vous ne savez pas le breton ? Prenez cette brochure. La traduction française se trouve en regard du texte breton cela vous permettra de suivre la comédie. Et, d'ailleurs, avant chaque acte, un abbé vous exposera l'action... Les acteurs ? Mais oui, des paysans... Aussi le théâtre ne peut-il donner que six représentations par an, les artistes étant retenus par les travaux agricoles. Les répétitions ? Oh ! il n'y en a guère qu'une pour l'ensemble, mais l'abbé Le Bayon fait répéter individuellement ses acteurs chez eux... Quand l'homme exténué s'arrête au bout du sillon pour reprendre haleine et laisser souffler ses bœufs, l'auteur tire sa brochure :

— Veux-tu répéter ta grande scène ? Je te donne la réplique.

Les tirades sonores s'envolent dans le silence agreste, l'auteur indique une attitude, une intonation, docilement adoptées, et, la répétition finie, le comédien improvisé retourne à sa charrue...

Charmé de cette bucolique, je murmure : Fortunatos nimium... et mon interlocuteur continue :

— Les acteurs ne sont pas payés... Pendant leur séjour, ils trouvent ici bon souper et bon gîte, mais c'est tout... Le plaisir de défendre une belle œuvre et la joie de succès sont un salaire qu'ils trouvent suffisant.

O merveille ! Voici donc bien de l'art pour de l'art, loin des marchandages du gros cachet, de surenchères, des engagements aux clauses fallacieuses, des dédits, des exploits d'huissier, des procès, des démissions à scandale...

*
* *

Mais un abbé paraît au balcon de droite. En termes précis, sans l'emphase habituelle d'un « régisseur parlant au public », il nous expose l'action du premier acte. Puis on distribue aux spectateurs le texte breton de la complainte de Nicolazic, précédée de cet avis impérieux :

« Trois couplets seront chantés avant chaque acte, et repris en chœur par toute la salle, sur l'air de : « Merh en Dug à Nanned ».

Diable ! Mais c'est de la collaboration active, ça, et je ne serai jamais fichu...

Un chanteur paraît, et, d'une fort jolie voix de baryton, il entonne la complainte susdite. Un orgue l'accompagne, puis des choristes se lèvent, à l'orchestre, et lui répondent. Tiens ! mais je les reconnais... Ce matin revêtus de camails violets et de surplis blancs, ils défilaient autour de la Scala Sancta, de la Fontaine miraculeuse et de la Basilique, pré-

cédant les évêques mitrés d'or et chantant:
« Hosanna ! »

... Le public, d'abord timidement, puis
avec assurance, reprend la complainte, à
l'unisson. Enfin, le rideau s'ouvre pour le
premier tableau, sur la scène de droite, et
c'est l'apparition de sainte Anne auprès d'une
fontaine. Puis, l'action est transportée sur
la scène principale : des femmes battent du
linge au lavoir. Comme elles le tapent fort
et le bordent avec énergie ! On voit qu'elles
se livrent quotidiennement à cet exercice, et
qu'il ne leur semble pas un vain simulacre !
Et, me rappelant Mademoiselle Sylvie au lavoir dans le *Faust* de Gœthe, je songe qu'il
y aurait avantage à confier chaque rôle à qui
le joue constamment dans la vie. Il est vrai
qu'on est entré déjà dans cette voie en faisant
jouer une scène de boxe par Carpentier ou
Johnson, dans certains music-halls. Mais il
faut aller jusqu'au bout de cette théorie, et
M. Hertz devrait bien nous offrir, à l'Ambigu, l'assassinat réel d'un vrai « pante » par
une vraie « terreur ».

... Le mystère se déroule alternativement
sur les trois scènes. Je n'ai la prétention, ni
de le conter par le menu, ni de me permettre
une critique dramatique. Sachez seulement
qu'il a pour sujet de légende Nicolazic, humble paysan du village de Keranxa, à qui
sainte Anna, en l'an 1623, ordonna de faire
élever une chapelle en son honneur, et qu'il
nous expose les persécutions auxquelles Nicolazic se trouve en butte, et se termine par
le triomphe de la sainte et de son fidèle ser-
viteur. C'est donc bien là le spectacle qui
convient pour un jour de pardon à Sainte-
Anne d'Auray.

Les acteurs de ce drame ignorent l'emphase. Sans le savoir, ils sont de l'école An-
toinik — oh! pardon! d'Antoine! — et jouent
avec un naturel, un réalisme remarquable,
qui serait le comble de l'art, s'il n'était le fait
d'une merveilleuse similitude entre la situation sociale de l'acteur et celle du personnage
qu'il incarne. Ces rôles de paysans sont joués
par des paysans, et de là peut-être vient la
vérité surprenante des intonations et des at-

titudes. Ce n'est plus une interprétation, mais une superposition, et ces acteurs semblent moins à leur aise dans les rôles de gentilshommes.

Les décors ne le cèdent en rien, pour l'habileté de l'exécution, à ceux des théâtres parisiens, et ne seraient pas déplacés sur nos scènes des boulevards.

Pendant un entr'acte, je vais explorer les coulisses, d'exceptionnelles coulisses en plein air, ensoleillées, et aérées par le vent de noroît. Je jette un coup d'œil dans la partie réservée aux artistes femmes. L'habilleuse est une bonne sœur, une Chartreuse, au maintien modeste.

Plus loin, un jeune abbé jovial met la dernière main à l'habillage d'un acteur, auquel il répète une dernière fois son rôle.

Une buvette est installée, où les comédiens viennent s'abreuver de cidre, dont l'odeur remplace ici celle des fards et du blanc gras. Je remarque, d'ailleurs, que les acteurs bretons ignorent le maquillage. De la salle, je ne m'en étais pas aperçu, malgré l'inévitable décoloration due aux feux de la rampe. C'est que le hâle du soleil et du vent du large ont déposé sur ces rudes visages leur

carmin et leur ocre, qui, pour ne pas sortir
d'une boite à grime, n'en sont pas moins
haut en couleur. Le premier comique, le cul-
tivateur Guillo, dit « Vingt-Ecus », possède
une face rubiconde, qui ne doit rien à l'arti-
fice. Il s'est, à l'aide d'un bouchon, dessiné
des favoris en côtelette. Mais non initié aux
savants passages fignolés à coups de patte de
lièvre, il a arrêté brusquement cette barbe
postiche à mi-oreille. Et, tout à l'heure, quand
on le rapportera blessé sur une civière, il se
contentera bonnement de s'enfariner, comme
Pierrot, pour obtenir une belle « pâleur li-
vide ».

J'interviewe les acteurs. Tous ignorent le
« trac », ce cauchemar des professionnels.
Seul, l'un d'entre eux me confie qu'il est
d'abord « un peu gêné ». Je complimente
une fillette de quatre ans qui a, tout à l'heure,
remporté l'ordinaire succès des enfants au
théâtre, et qui, d'ailleurs n'enfreint pas la loi
tant discutée, puisqu'elle ne joue qu'en ma-
tinée, et seulement six fois par an... Gageons

qu'elle ne pourra tenir son rôle jusqu'à la deux centième !

Un peintre aux allures de mousquetaire, M. Boris, surveille la plantation des décors. Il cumule les fonctions de chef machiniste, d'accessoriste et d'artiste décorateur. Il a dessiné les plans du théâtre et brossé les décors. Il me fait admirer les costumes, « authentiques défroques de chouans », me dit-il. « Voyez ces bragou-braz... Est-ce patiné ! Et ces béquilles : ce sont des ex-voto laissés par des pèlerins à Sainte-Anne d'Auray... »

L'auteur veut bien m'accueillir, et, cordialement, m'invite à prendre un verre de cidre. Ah ! messieurs les directeurs parisiens, que ce sans-façon m'a été droit au cœur !

L'abbé Le Bayon est un tout jeune prêtre, aux yeux vifs, aux traits rieurs. Il a déjà produit trois drames en vers bretons et a été trois fois joué. — Voici un record que lui envieront bien des confrères notoires.

— Oui, me dit-il, j'ai écrit *La Voix du Sang, Betlhéem et Nicolazic,* et je termine *Le Semeur.* Chaque année, je fais une nouvelle pièce; de la sorte, notre répertoire s'accroît peu à peu.

Mais le rideau se relève, l'auteur m'entraîne derrière un portant, et veut bien me traduire les répliques au fur et à mesure. C'est une scène comique. La pièce en contient un grand nombre, traitées avec une verve et presque une trivialité toutes moliéresques, sans crainte du mot propre et des jurons locaux. Aussi portent-elles beaucoup sur le public breton. Les acteurs eux-mêmes rient de bon cœur aux traits comiques de leurs partenaires.

... Je retourne dans la salle... La pièce s'achève en apothéose, remportant un grand succès. Public et acteurs chantent en chœur la complainte de Nicolazic.

... Et je m'en vais, enchanté, de ce théâtre paradisiaque, qui ne connaît ni les ouvreuses, ni le droit des pauvres; où les meilleures places ne sont pas les plus chères, et où les spectateurs, s'ils n'ont pas le droit de parler à haute voix, reçoivent en revanche la consigne formelle de chanter.

Par ces temps de décentralisation artistique et de théâtres autochtones, alors que bien des gens accomplissent, chaque décade, le voyage d'Oberammergau, on ne peut qu'applaudir à l'initiative d'un curé de campagne, qui, secondé par ses ouailles, nous a dotés d'une scène résolument locale.

Il est à souhaiter qu'au lieu de certains théâtres de verdure, où des artistes russes vont jouer des opérettes viennoises, nos provinces, suivant l'exemple donné à Sainte-Anne d'Auray, nous donnent des spectacles imprégnés de couleur locale et fleurant bon leur terroir...

LORTAC.

Un théâtre catholique est-il possible ?

Poète et auteur dramatique, auteur applaudi des scènes du théâtre Balzac et du Vieux-Colombier, M. Henri Ghéon le pense.

Et dans le prochain numéro de l'excellente revue de *La Vie et les Arts liturgiques*, il nous expose avec éloquence les raisons de son affirmation.

Certes, comme le théâtre antique qui peu à peu avait quitté le péristyle des temples et délaissé les passions des dieux pour les passions, si semblables, des hommes, ainsi fit notre propre théâtre. Il était né à l'ombre des vieux porches, il avait commencé par être une explication et une illustration des mystères chrétiens, il avait tenté la représentation de la vie des saints, il avait matérialisé en quelque sorte Satan lui-même, l'avait fait tantôt puissant et tantôt misérable et sur le dos des hommes s'était permis la satire, sur le dos du Malin la bouffonnerie parfois grossière.

Mais le temps vint où par la Renaissance, par la grande coupure de la Réforme, la communion cessa entre les auditeurs et le mystère. Le théâtre se sécularisa, il émigra des marches des parvis aux tréteaux des baraques ; à l'auteur anonyme se substitua le poète, le dramaturge en quête d'applaudissements et de succès.

Du coup le problème dramatique lui-même se compliqua.

L'art collectif devint le fait d'un homme, et cet homme, l'auteur, fut non seulement tenu de profiter d'un état de communion

préalable naturellement imposé par la foi,
le lieu et la tradition, mais de créer lui-même
cet état de communion par le seul prestige
de son ouvrage, de réunir sur un terrain
commun d'idées, de sentiments, de passions,
l'unanimité de son auditoire. De là la formation d'un public variable, qui continua
dans certains cas d'être la foule, mais plus
souvent fut une élite.

Et M. Henri Ghéon montre alors comment peu à peu cessa presque entièrement
toute communion d'esprit entre l'auteur et
le public, et comment, de décadence en
décadence, on en arriva à monter des entre-
prises d'avilissement qui sont des hontes.

Certes, il y a des exceptions, de nobles
essais pour dépouiller l'art dramatique d'un
cabotinage qui l'avilit trop souvent et menace de le tuer.

Mais M. Henri Ghéon, avec un grand
sens d'apostolat, voit plus loin et plus haut
encore et il se demande si la scène va toujours être séparée de l'Eglise, si le théâtre
va toujours volontairement éviter tout sujet
et tout point de vue religieux.

Avec une belle foi, M. Henri Ghéon
répond :

Non, la chose est inadmissible. Aussi bien, Paul Claudel nous répond déjà par ses drames, dont le seul défaut, à mon sens, est de ne s'adresser qu'à des catholiques de choix, très particulièrement raffinés, non à la masse des fidèles, ni même à ce que la chrétienté moderne comporte de fidèles cultivés; mais ceci est une autre affaire. J'estime, avec Claudel, qu'il est grand temps pour les écrivains catholiques de réintégrer leur foi dans leur art — ou mieux de placer celui-ci sous la dépendance de celle-là, de l'en baigner, de l'en nourrir, et puisqu'il s'agit de théâtre, de prendre exemple sur nos vieux auteurs de mystères.

La scène, évidemment, est une tribune d'où les vérités peuvent se faire entendre, d'où peut se faire écouter la vérité supérieure elle-même. Mais l'art dramatique n'est pas une prédication ; si la scène devenait un prêche, les théâtres, assurément, cesseraient de faire recette.

M. Henri Ghéon l'a très bien compris ; il le dit très nettement, d'ailleurs ; mais il ne fait mieux saisir sa pensée encore, quand, montrant que les pièces catholiques doivent s'inspirer non d'un type unique de drame ou

de comédie, mais d'une série variée de types
allant de la pièce de patronage à la pièce
de boulevard, il ajoute :

... C'est un enseignement vivant qui ne
peut faire tort à l'objectivité de l'art, que
nous tâcherons d'instaurer. En somme,
toute apparence mise à part, qui pourra en
certains cas ne pas sembler religieuse, il
s'agira de faire respirer au spectateur, si je
puis dire, un air proprement chrétien ; de
lui imposer doucement des façons de parler,
de sentir, de penser délibérément catholiques ; en un mot de le replacer dans son
authentique milieu, qui est la France, la
France mystique, humaniste et humaine,
que l'Eglise de Dieu a établie à son image
et que des siècles d'erreurs essayèrent en
vain de défigurer.

Les mots ont un pouvoir immense qui est
de faire lever les pensées ; faire entendre le
plus de mots chrétiens est une œuvre essentielle et noble qui prépare les intelligences
et les cœurs à la grande parole catholique.

Au théâtre chrétien, il faut un public chrétien, et c'est peut-être ce qui manque aujourd'hui le plus. Si nos auteurs catholiques
restent dans la peinture des passions com-

munes, de leurs désordres réfrénés, contenus ou rachetés, suivant la vie catholique des personnages et l'efficacité des sacrements, ils trouvent encore assurément des spectateurs pour les suivre. Mais si, reprenant le chemin autrefois parcouru des mystères, ils laissent trop leur propre fantaisie, servie par la science, puiser à pleines mains dans l'histoire des saints et des légendes qui ont germé sur leurs vies exemplaires, nos comiques et nos dramaturges se heurteront au péril de parler à un public ignorant des choses oubliées.

On ne sait plus ni son histoire sainte ni son histoire de l'Eglise. C'est à peine si l'on sait son histoire de France.

VICTOR BUCAILLE.

(*Le Figaro*, 5 janvier 1921).

Table des Noms propres.

Daubignac (abbé).
Daudet (Ernest).
Debout (abbé Jacques).
Debout (Mgr).
Delabar (abbé).
Delaforest.
Delaporte (Le P. Victor).
Denarié (Emmanuel).
Deschanel (Emile).
Desmoulins (Camille).
Desnoyers.
Descartes.
Desrues.
Destival.
Diderot.
Dioclétien.
Dominique (Biancolelli dit).
Doumic (René).
Dubois (cardinal).
Dubois (abbé).
Duc (Le P. Fronton du).
Ducerceau (Le P.).
Ducroissy.
Duché.
Dupuis (Adolphe).
Durand (abbé).
Durazzo (comte).
Dussanne (Mᵐᵉ).
Duval (Alexandre).

E

Eriau (J-B).
Etienne (Charles Guillaume).
Eugène II.

F

Fabre (Emile).
Faguet (Emile).

Favart.
Fauchet (abbé).
Faure (Emmanuel).
Fénelon.
Ferrier (Jeanne Paul).
Ferrare (Fontana de).
Feydeau
Flers (R. de).
Fleury (cardinal de).
Fléchier.
Floridor.
Fonssagrives (abbé).
Fontaine (La).
Frangipani (chanoine).
Furetière (Antoine).

G

Gabriac (P. de).
Gaffre (Le P.).
Galy (abbé).
Garnier (Robert).
Gaussin (Mᵉˡˡᵉ).
Gautier (Mᵉˡˡᵉ).
Genès (saint).
Genest (abbé).
Geoffroy.
Germain (Auguste).
Ghéon (Henri).
Girard (Emile).
Goutier (Mᵉˡˡᵉ).
Goutter (abbé).
Goulin.
Gourville.
Goutel (Suzanne de).
Grange (Le P. de La).
Gréban (Arnoul).
Gresset.
Gringoire (Pierre).

Gudin.

H

Hallays-Dabot.
Harvey.
Helvétius.
Heuriot (Emile).
Hoffmann.
Honoré (abbé).
Hugo (Victor).
Huguenet (Félix).

I

Innocent XII.
Irving.

J

Jadot.
Janot (Paul).
Jammes (Francis).
Jansénius.
Janvier (Le P.).
Jacquemin.
Jean XXIII.
Jérôme (saint).
Jodelle.
Jouin (Mgr).
Jony.
Judic (Anna).
Jules II.
Julleville (Petit de).

L

Lactance.
Lacretelle.
Lafitte.

Lalouette.
Lambert (Albert).
Lamoignon (de).
Lancival (Luce de).
Langeon.
Lanson.
Larroumet (Gustave).
Lavedan (Henri).
Larrivey.
Lebrun-Tossa.
Leblanc.
Lechat (abbé).
Lecouvreur (Adrienne).
Legouvé.
Legrand.
Lemaitre (Frédérick).
Lenfant (abbé).
Levis.
Louis XII.
Louis XIII.
Louis XIV.
Louis XV.
Louis XVIII.
Lombard.
Longhaye (Le P.).
Lormian (Baour).
Loti (Pierre).
Loyseau (abbé François).
Lozet (abbé).
Luzy (Melle).

M

Magnin (Charles).
Marin.
Marlin (abbé).
Marville (de).
Massillon.
Mathieu (cardinal).

Table des Matières

www.ingramcontent.com/pod-product-compliance
Ingram Content Group UK Ltd.
Pitfield, Milton Keynes, MK11 3LW, UK
UKHW021919070726
13614UKWH00001B/131